Jo-Jo 2

Sprachbuch
Arbeitsheft Training
Grundwortschatz und Rechtschreibung

erarbeitet von Henriette Naumann-Harms
unter Mitarbeit der Redaktion Grundschule

Fachliche Beratung
zur Silbenstrategie, zum Verlängern,
zum Ableiten und zu Merkwörtern
Günter J. Renk

Cornelsen

Inhalt

Silben schwingen

Sprich das Wort deutlich Silbe für Silbe. Zeichne dabei zu jeder Silbe mit der Schreibhand einen Bogen in die Luft.

1 Schreibe die passenden Nomen zu den Bildern.
Sprich und schwinge die Nomen.
Zeichne unter jedes Wort einen ‿ oder zwei Silbenbögen ‿ ‿ .

| Auto | Ente | Eis | Foto | Hase | Taste |
| Tisch | Topf | Bus | Hose | Krone | Dusche |

das Auto

die

das

das

der

die

der

der

der

die

die

die

2 Schreibe die passenden Nomen zu den Bildern.
Sprich und schwinge die Nomen.
Zeichne einen, zwei oder drei Silbenbögen.

~~Tomate~~   Banane   Birne   Melone   Obst   Kirsche

die Tomate

die _____

die _____

die _____

das _____

die _____

3 Sprich und schwinge die Nomen. Zeichne Silbenbögen.
Ordne die Nomen nach Silben und schreibe sie auf.

Hof   Hexe   Gemüse   Stempel   Sekunde   Pilze

Text   Taxi   Lexikon   Ei   Kalender   Milch

Hof

4 Setze die Tiernamen aus den Silben zusammen.
Schreibe sie auf. Zeichne Silbenbögen.

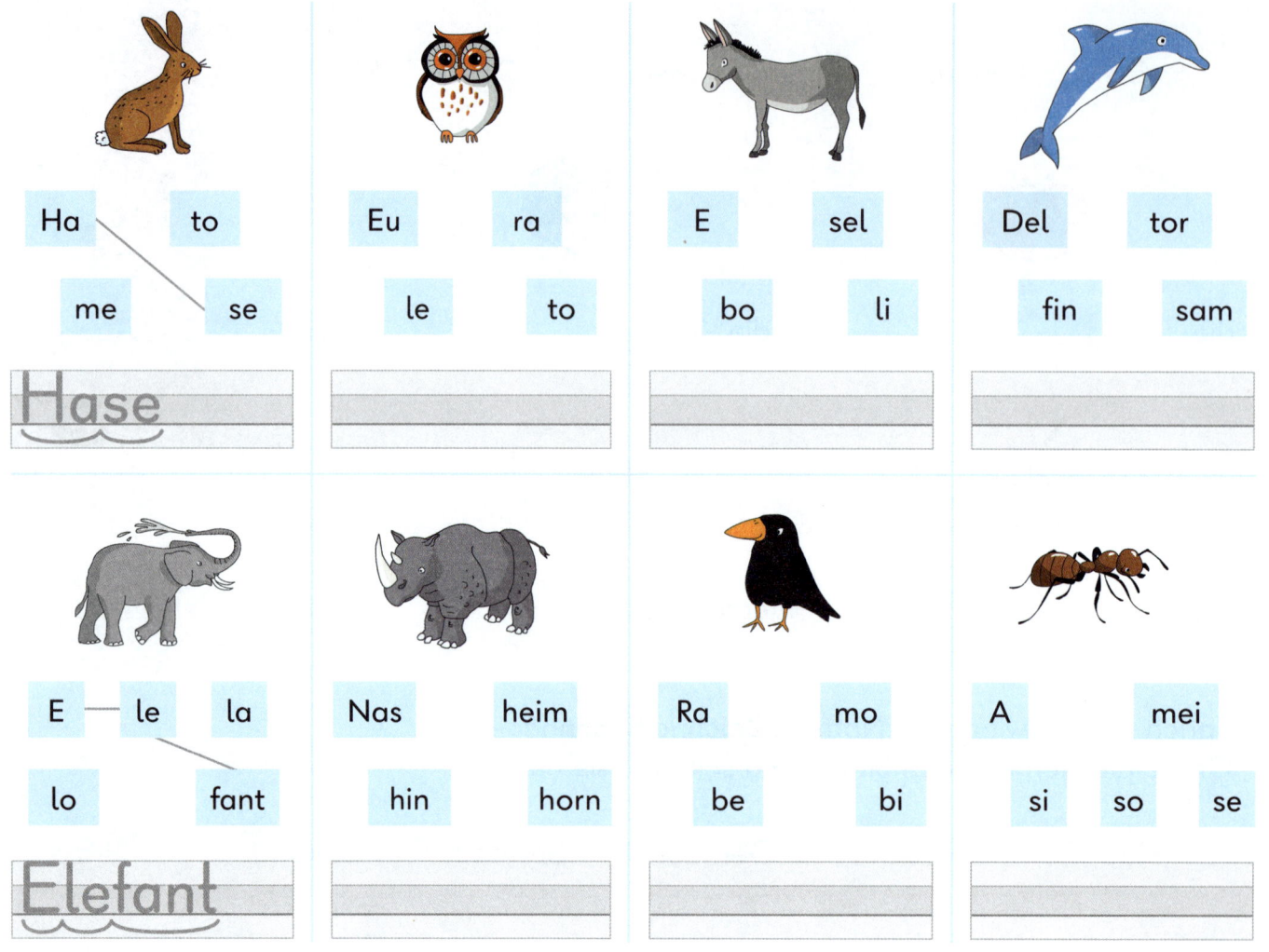

| Ha | to | Eu | ra | E | sel | Del | tor |
| me | se | le | to | bo | li | fin | sam |

Hase

| | | | |

| E | le | la | Nas | heim | Ra | mo | A | mei |
| lo | fant | hin | horn | be | bi | si | so | se |

Elefant

5 Schreibe die passenden Wörter in die Lücken.
Zeichne Silbenbögen.

| dunkel | Licht | müde | Bett | schlafen |

Es ist schon dunkel .

Luis liegt im _____ .

Er ist so _____ und möchte _____ .

Seine Schwester macht aber immer wieder das _____ an.

Silben schwingen

Silbenkönige: Selbstlaute

a, e, i, o und **u** sind Laute, die allein klingen. Sie heißen **Selbstlaute**.
In jeder Silbe steckt ein Selbstlaut. Darum heißt er auch **Silbenkönig**: *Fisch, Kamel.*

1 Schreibe die passenden Nomen zu den Bildern.
Zeichne Silbenbögen.
Male in jeder Silbe den Silbenkönig an.

Lampe	Note	Telefon	Feder	Kamel	Lama
Oma	Insel	Fisch	Unfall	Puppe	Nase

die Lampe

der _____

das _____

das _____

die _____

die _____

die _____

die _____

die _____

die _____

das _____

der _____

2 Verändere die Silbenkönige der ersten Silbe und schreibe die Nomen auf.
Male die veränderten Silbenkönige an.
Zeichne Silbenbögen.

die Hand

der Hund

der Bach

das

die Tonne

die

die Tante

die

die Schale

die

der Wind

die

3 Setze die passenden Verben in die Lücken.
Zeichne Silbenbögen und male in jeder Silbe den Silbenkönig an.

malen   haben   kommen   bringen   finden   trinken

Tarek und Anne malen im Hof mit Kreide.

Die Kinder _____ Durst.

Da _____ Susa und Robin vorbei.

Sie _____ Wasser und Saft mit.

Tarek und Anne _____ das toll.

Dann _____ sie.

Silben schwingen

4 Schreibe die Sätze ab und zeichne Silbenbögen.
Male **alle** Silbenkönige an.

Tom und Lina sind in der 2. Klasse.

Tom und Lina sind in der 2. Klasse.

Am Nachmittag ist das Sommerfest.

Ben bringt Salat mit.

Anton macht mit Papa Waffeln.

5 Lies den Text. Unterstreiche die **drei** Wörter mit **drei** Silben. Schreibe den Text ab.

Pia hat eine Melone dabei.

Die Kinder denken sich Sportspiele aus.

Bei Regen gehen sie in den Klassenraum.

Pia hat eine Melone dabei.

Das hast du gelernt:

Die Selbstlaute sind ☐ , ☐ , ☐ und ☐ .

In jeder Silbe steckt ein Selbstlaut.

Du nennst ihn auch ☐ .

Nomen

Wörter für Menschen, Tiere, Pflanzen und Dinge nennt man
Nomen. Nomen werden immer **großgeschrieben**:
Frau, Maus, Blume, Besen.
Auch Namen sind Nomen und werden **großgeschrieben**.

1 Schreibe die passenden Nomen zu den Bildern.

~~Kind~~   Eule   Baum

das Kind   der   die

2 Ordne die Nomen. Schreibe sie auf.

~~Dieb~~   Gras   Ziege   Loch   Mond

Schwester   Strauch   Schaf   Hut   Blüte

Nomen für Menschen

der Dieb

die

Nomen für Tiere

die

das

Nomen für Pflanzen

das

der

die

Nomen für Dinge

das

der

der

3 Beantworte die Fragen und setze die passenden Nomen ein.

| Schnecke | Jacke | Schere | Brot | Löwe | Brief | Rose |

Wer trägt sein Haus?   die Schnecke

Was hat Dornen?   die _____

Wer hat eine Mähne?   der _____

Was kommt mit der Post?   der _____

Was hat zwei Ärmel?   die _____

Was kann schneiden?   die _____

Was wird gebacken?   das _____

4 Unterstreiche die passenden Nomen für Menschen.
Schreibe sie in der richtigen Reihenfolge auf.

| Oma | Papa | Onkel | Familie | Tante | Enkelin | Nachbarn |

Julians <u>Oma</u> hat heute Geburtstag.

Sie hat die Familie und die Nachbarn eingeladen.

Zuerst kommt Onkel Torsten.

Er bringt seine Enkelin Luisa mit.

Die beiden wollen helfen, aber Papa war schneller.

Er hat schon mit Julian und seiner Tante den Tisch gedeckt.

Oma, _____

_____

Artikel

Nomen haben Begleiter. Sie heißen **Artikel**.
Bestimmte Artikel: • *der* Kürbis, • *die* Kette, • *das* Bild
Unbestimmte Artikel: • *ein* Kürbis, • *eine* Kette, • *ein* Bild

1 Schreibe die passenden Nomen mit ihren Artikeln zu den Bildern. Male die Artikel an.

| • ~~der Pilz~~ | • die Kiste | • das Eis | • der Korb | • die Erde | • das Glas |

der Pilz

2 Ordne die Nomen nach ihren Artikeln.

• ~~der Regen~~	• das Öl	• die Post	• die Kirsche
• das Fest	• der Nebel	• die Frage	• das Salz
• die Welt	• der Gast	• der Boden	• das Ende

• **der**	• **die**	• **das**
Regen		

3 Verbinde die passenden Bilder mit den Nomen.

• ein Ast   • eine Raupe   • eine Rakete   • ein Wurm   • eine Birne   • ein Wal

4 Schreibe die Nomen mit den Artikeln **ein** oder **eine** auf. Male die Artikel an.

der Ast   die Raupe   die Rakete

ein Ast

der Wurm   der Wal   die Birne

5 Unterstreiche die passenden Nomen mit ihren Artikeln.
Schreibe den Text ab.

die Tasche   die Schule   eine Dose   das Brot   die Hausaufgabe   ein Heft

Gloria packt die Tasche für die Schule.

Wie immer hat sie eine Dose für das Brot dabei.

Jetzt braucht sie nur noch die Hausaufgabe und ein Heft.

Gloria packt die Tasche für die Schule.

Groß- und Kleinschreibung

> Nomen werden immer **großgeschrieben**. Auch am **Satzanfang** schreibt man **groß**:
> *Die Fenster sind festlich geschmückt.*

1 Schreibe die passenden Nomen zu den Bildern.
Male die großen Anfangsbuchstaben an.

| das ~~Dach~~ | die Ente | der Zaun | der Hut | das Nest | die Wolke |

das Dach

2 Bilde Nomen. Schreibe sie mit ihren Artikeln auf.
Male den Anfangsbuchstaben an.

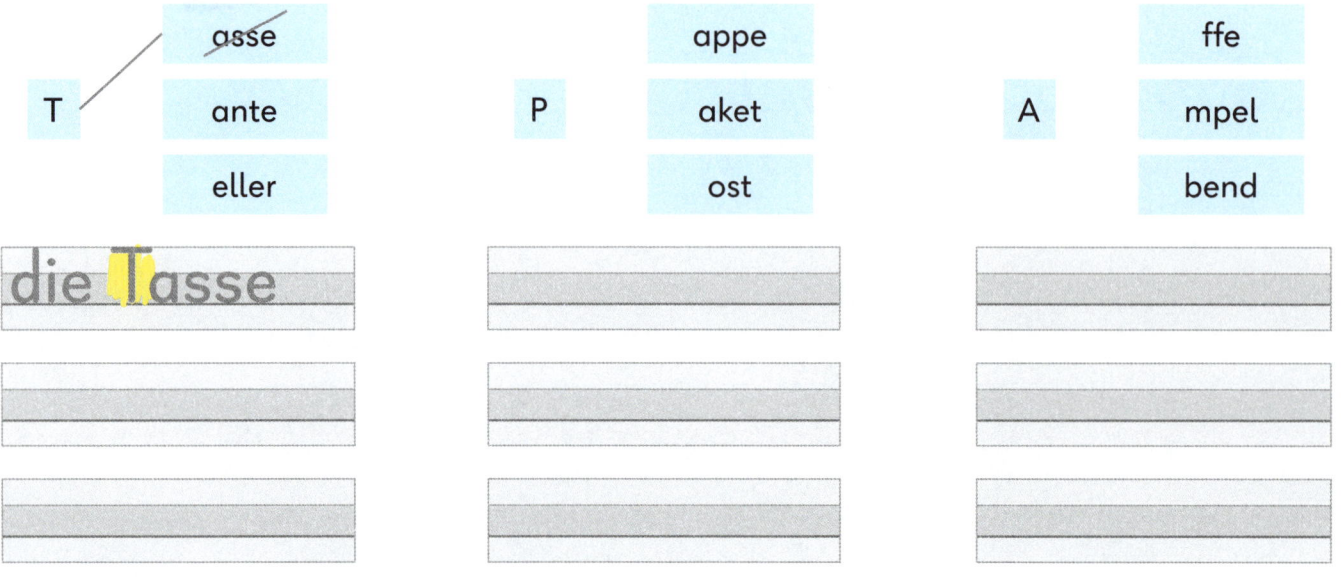

T	~~asse~~		P	appe		A	ffe
	ante			aket			mpel
	eller			ost			bend

die Tasse

3 Lies die Wörter. Schreibe alle Nomen auf.

Schrift	~~elf~~	Knie	los	Butter	halten
warm	Kopf	Saft	Stift	gleich	

Schrift,

4 Schreibe aus Aufgabe 3 alle kleingeschriebenen Wörter auf.

elf,

5 Unterstreiche die **sieben** Nomen in den Sätzen.
Schreibe die Sätze ab.

Die Klasse 2a spielt gegen die 2b.

Die Klasse 2a spielt gegen die 2b.

Der Hund des Nachbarn schaut böse.

Raya gibt Cem acht Sammelbilder.

Die Übungen sind heute leicht.

Die Hose ist bunt.

Alle kriegen eine Urkunde.

6 Schreibe die Sätze ab. Schreibe die Wörter an den Satzanfängen groß.
Male die Anfangsbuchstaben an.

es ist Nachmittag.

Es ist Nachmittag.

aron macht Hausaufgaben.

da kommt seine Schwester herein.

sie hat eine dicke Tüte dabei.

7 Schreibe die Sätze ab. Schreibe die Nomen groß.
Male die Anfangsbuchstaben an.

Aron macht die tüte auf.

Aron macht die Tüte auf.

Darin ist ein kissen.

Es ist ein geschenk für mama.

Sie hat morgen geburtstag.

Aron malt für mama ein bild.

8 Unterstreiche alle Nomen und Satzanfänge. Schreibe die Sätze ab.
Schreibe die Nomen und Satzanfänge groß.

<u>es</u> klingelt. <u>frau</u> <u>sommer</u> kommt herein.

Es klingelt. Frau Sommer kommt herein.

die meisten kinder sind schon da.

romi wischt die tafel ab.

anton holt das wasser für die blumen.

die tür geht auf und moritz kommt herein.

der bus ist nicht gekommen.

opa musste moritz mit dem auto bringen.

schnell setzt er sich auf seinen platz.

Das hast du gelernt:

Nomen und Satzanfänge schreibst du immer [   ].

Zusammengesetzte Nomen

1 Setze immer zwei Nomen zusammen.
Schreibe die zusammengesetzten Nomen mit ihren Artikeln auf.

Haus + Tür

die Haustür

Regen + Schirm

Apfel + Saft

Eis + Waffel

Wasser + Pflanze

Kuchen + Teller

2 Trenne die zusammengesetzten Nomen.
Schreibe sie mit ihren Artikeln auf.

| der Winter | der Tisch | das Kissen | das Gemüse | der Finger |
| der Ring | der Mantel | das Sofa | das Bein | die Suppe |

der Wintermantel   der Winter   +   der Mantel

das Tischbein   +

die Gemüsesuppe   +

der Ringfinger   +

das Sofakissen   +

3 Setze die Nomen zusammen.
Schreibe sie mit ihren Artikeln auf.

Kinder

Mantel

Regen

Hand

Ball

Tennis

der Kindermantel

Zeit

Sommer

Ferien

Auto

Tür

Sitz

4 Lies den Text. Unterstreiche die **sechs** zusammengesetzten Nomen mit **-buch**.
Schreibe sie auf.

Heute haben die Kinder wieder Lesezeit.

Frau Sommer hat ein altes Märchenbuch mitgebracht.

Naomi blättert in einem neuen Tierbuch.

Adrian und Matilda sehen sich ein schönes Bilderbuch an.

Sofie sucht ein schwieriges Wort im Wörterbuch.

Ari liest in einem dicken Geschichtenbuch.

Märchenbuch,

Einzahl und Mehrzahl

Nomen gibt es in der **Einzahl** und in der **Mehrzahl**.
Der Artikel in der Mehrzahl heißt immer **die**:
der Schuh – **die** Schuhe, **das** Tuch – **die** Tücher.

1 Verbinde die Nomen in der Einzahl mit den Nomen in der Mehrzahl. Schreibe sie auf.
Male die Veränderungen am Wortende an.

der Hund	die Farben	das Ei	die Lichter
der Tag	die Hunde	das Licht	die Euros
die Farbe	die Nester	der Euro	die Eier
das Nest	die Tage	die Flöte	die Flöten

der Hund – die Hunde

2 Schreibe die passenden Nomen in die Lücken. Male die Veränderungen am Wortende an.

~~Arme~~   Beine   Augen

- nicht ein Arm, sondern zwei   Arme

- nicht ein Auge, sondern zwei

- nicht ein Bein, sondern zwei

3 Schreibe die passenden Nomen mit ihren Artikeln zu den Bildern.

Heft – Hefte	Stift – Stifte	Seil – Seile
Schere – Scheren	Mütze – Mützen	Tasche – Taschen
Tisch – Tische	Auto – Autos	Schal – Schals

das Heft

die Hefte

4 Unterstreiche die passenden Nomen in der Mehrzahl in den Sätzen.
Schreibe sie in der Einzahl und der Mehrzahl auf.

| Name | Kind | Stunde | Minute | Aufgabe | Kreis |

Sofia kennt die Namen alle Kinder in ihrer Klasse.

Vormittags haben sie mehrere Stunden Unterricht.

Eine Schulstunde dauert 45 Minuten.

Heute sollen sie Kreise ins Heft malen.

Manchmal gibt es aber auch schwierige Aufgaben.

Name – Namen

5 Unterstreiche die passenden Nomen in der Einzahl in den Sätzen.
Schreibe sie in der Mehrzahl und der Einzahl auf.

| Schulen | Parks | Kirchen | Freundinnen | Freunde | Bänke |

Finn geht in eine kleine Schule.

Sie liegt gleich neben der Kirche.

Dahinter befindet sich ein kleiner Park.

Unter einem Baum steht eine braune Bank.

Dort trifft Finn oft seinen Freund Ari und seine Freundin Mia.

Schulen – Schule

6 Verbinde die passenden Nomen in der Einzahl und der Mehrzahl.
Schreibe sie auf.

Bei manchen Nomen sind Einzahl und Mehrzahl gleich.

der Finger	die Körper	der Löffel	die Teller
der Körper	die Finger	der Teller	die Löffel

der Finger – die Finger

7 Lies den Text. Unterstreiche die Nomen in der Mehrzahl.
Schreibe den Text ab.

Foto	Bild	Blume	Tier	Pferd	Mensch	Wiese	Bank

Maria hat im Sommer Fotos gemacht.

Sie hat viele Tiere und Blumen fotografiert.

Pferde mag sie am liebsten.

Es gibt auch Bilder mit Menschen.

Sie sitzen auf Bänken oder laufen über Wiesen.

Maria hat im Sommer Fotos gemacht.

Mehrzahl: o wird zu ö und u wird zu ü

Wörter mit **o** oder **u** werden in der Mehrzahl oft
mit **ö** oder **ü** geschrieben:
der Sohn – die Söhne, die Mutter – die Mütter.

1 Verbinde die Nomen. Schreibe sie auf.
Male **o – ö** und **u – ü** an.

Kopf	Köche		Zug	Kühe
Frosch	Köpfe		Wunsch	Züge
Koch	Frösche		Kuh	Wünsche

Kopf – Köpfe

2 Schreibe die Nomen in der Mehrzahl mit ihren Artikeln auf. Male **ö** und **ü** an.

Löcher   Mütter   Früchte   Knöpfe   Brüder   Wölfe

o wird zu ö	**u wird zu ü**
das Loch	die Mutter
die Löcher	
der Knopf	der Bruder
der Wolf	die Frucht

3 Schreibe die passenden Nomen zu den Bildern.

Korb – Körbe	Rock – Röcke	Buch – Bücher
Topf – Töpfe	Turm – Türme	Fuß – Füße

ein   Korb

mehrere   Körbe

ein

mehrere

4 Unterstreiche die passenden Nomen in der Mehrzahl mit **ö** und **ü**.
Schreibe sie mit dem Artikel **die** auf.

Busch	Wort	Tochter	Sohn	Schloss	Stuhl

Im Park stehen viele große Büsche.

Für den Text übt Ela schwierige Wörter.

Arianas Eltern haben zwei Töchter und zwei Söhne.

Im Urlaub besucht Oskars Familie alte Schlösser.

Die Kinder stellen ihre Stühle zu einem Stuhlkreis.

die Büsche,

Verkleinerungsformen von Nomen: -lein und -chen

Mit **-chen** oder **-lein** kann man die Verkleinerungsform
von Nomen bilden:
Dabei wird oft aus **a – ä**, aus **o – ö**, aus **u – ü** und aus **au – äu**.
Der Artikel bei Verkleinerungsformen ist immer **das**.

1 Schreibe die passenden Nomen in der Verkleinerungsform auf.

~~Brötchen~~	Hütchen	Blümchen	Köpflein
Wölkchen	Süpplein	Töpflein	Brüderchen
Knöpfchen	Püppchen	Würstchen	Pfötchen

o wird zu **ö**	**u** wird zu **ü**

das Brot

das   Brötchen

der Hut

das

der Kopf

das

die Blume

das

die Wolke

das

die Suppe

das

der Topf

das

der Bruder

das

der Knopf

das

die Wurst

das

die Pfote

das

die Puppe

das

2 Schreibe die passenden Nomen in der Verkleinerungsform auf.

| Schränkchen | Bäuchlein | Lämpchen |

| Bäumlein | Schräubchen | Schäfchen |

| **a** wird zu **ä** | **au** wird zu **äu** |

der Schrank

das Schränkchen

die Lampe

das _____

das Schaf

das _____

der Bauch

das _____

der Baum

das _____

die Schraube

das _____

3 Schreibe die passenden Nomen in der Verkleinerungsform in die Lücken.
Benutze -**chen** oder -**lein**.

| Täubchen | Krönchen | Büchlein |

Ein Zauberer verwandelt eine Taube in ein Täubchen .

Ein Zauberer verwandelt ein Buch in ein _____ .

Ein Zauberer verwandelt eine Krone in ein _____ .

Das hast du gelernt:

Wenn du -**chen** oder -**lein** schreibst, wird **o** oft zu ☐ und **u** zu ☐.

Wenn du -**chen** oder -**lein** schreibst, wird **a** oft zu ☐ und **au** zu ☐.

A/a wird zu Ä/ä

Man schreibt ein Wort mit **ä** oder **äu**, wenn es ein **verwandtes** Wort mit **a** oder **au** gibt:
die Hände – die Hand, läuft – laufen.

1 Verbinde die verwandten Nomen.

Blätter	Kamm	Bäche	Kampf
Kämme	Blatt	Hände	Satz
Bänder	Rad	Kämpfe	Bach
Fächer	Band	Sätze	Nacht
Räder	Saft	Hälse	Hand
Säfte	Fach	Nächte	Hals

Reder oder Räder?
schleft oder schläft?

2 Schreibe die verwandten Nomen auf.
Male **ä** und **a** an.

Blätter – Blatt

Ableiten

3 Schreibe das passende, verwandte Nomen mit **ä** auf.

| Männer | Äpfel | Gäste | Gläser | Mäntel | Bänke |
| Äste | Gärten | Gräser | Länder | Bälle | Wälder |

der Mann

die Männer

der Apfel

die _____

der Gast

die _____

das Glas

die _____

der Ast

die _____

der Garten

die _____

das Gras

die _____

das Land

die _____

der Mantel

die _____

der Ball

die _____

die Bank

die _____

der Wald

die _____

4 Schreibe das passende, verwandte Verb mit **ä** auf.

| fällt | schlägt | hält | fängt | schläft | trägt |

fallen

er fällt

halten

er _____

schlafen

sie _____

fangen

sie _____

tragen

er _____

schlagen

er _____

Au/au wird zu Äu/äu

1 Verbinde die verwandten Nomen. Male **äu** und **au** an.
Schreibe sie auf.

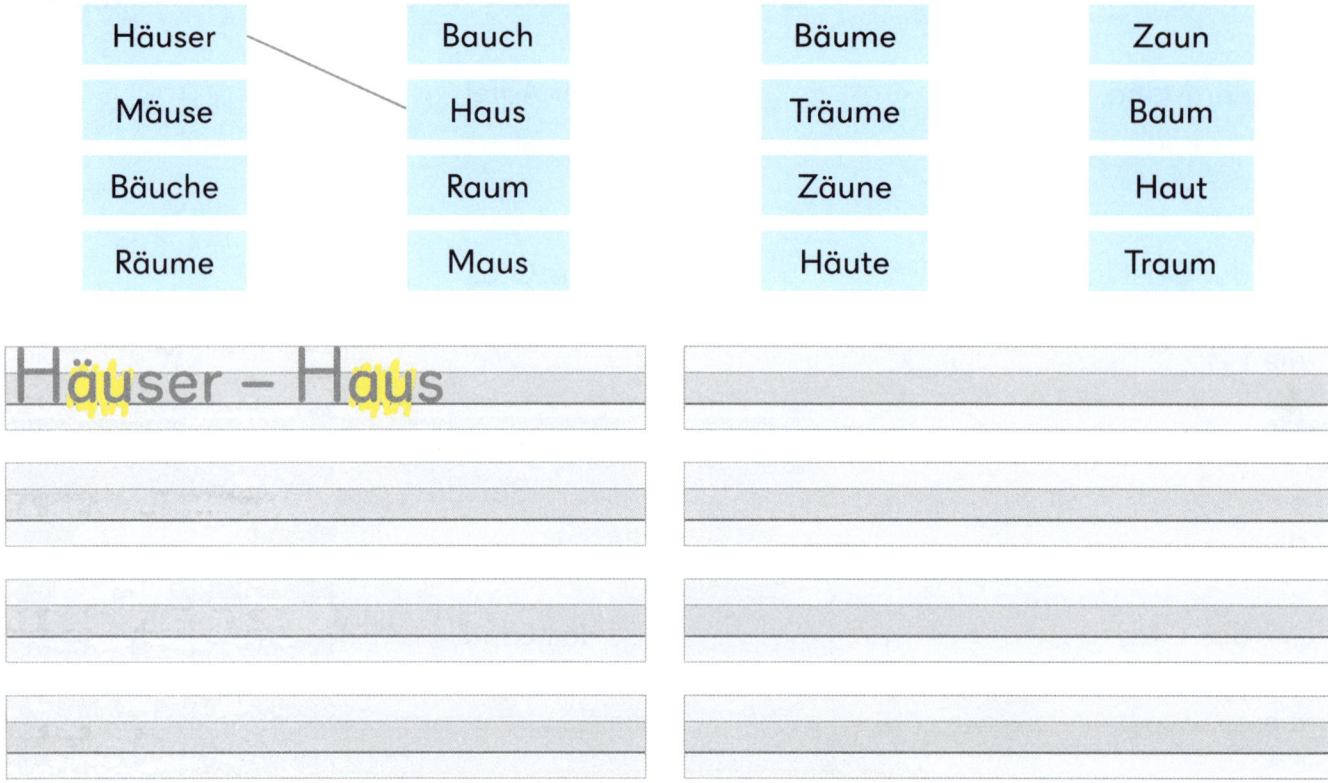

Häuser	Bauch		Bäume	Zaun
Mäuse	Haus		Träume	Baum
Bäuche	Raum		Zäune	Haut
Räume	Maus		Häute	Traum

Häuser – Haus

2 Schreibe die passenden Nomen mit **äu** oder **au** in die Lücken.

~~Kräuter~~   Schlauch   Sträucher   Zaun   Haus

Im Garten baut Opa verschiedene **Kräuter** an.

Opa wässert den Rasen mit einem _____.

Es gibt auch _____ mit leckeren Beeren.

In der Mitte vom Garten hat Opa ein kleines _____.

Am _____ ist ein Apfelbaum.

3 Unterstreiche alle Wörter mit **ä** und **äu**.
Schreibe das verwandte Wort mit **a** oder **au** dazu.

laufen   Platz   Dach

Heute läuft Lilli allein zur Schule.

laufen

Alle setzen sich auf ihre Plätze.

der

Eine Taube fliegt über die Dächer.

das

4 Lies den Text. Unterstreiche die Wörter mit **a** und **ä**. Schreibe den Text ab.

alt   älter   kalt   kälter   Kälte

Hund Rudi ist neun Monate alt. Hündin Alma ist älter als er.

Heute ist es kalt. Morgen wird es noch kälter.

Die Kälte macht den Hunden nichts aus.

Hund Rudi ist neun Monate alt.

Das hast du gelernt: ⚡

Du schreibst ein Wort mit **ä**, wenn es ein verwandtes Wort mit ☐ gibt.

Du schreibst ein Wort mit **äu**, wenn es ein verwandtes Wort mit ☐ gibt.

Wörter mit b/p, d/t und g/k am Wortende

Schreibt man am Wortende **b** oder **p**, **d** oder **t**, **g** oder **k**?
Verlängern mit „alle" hilft beim richtigen Schreiben:
der Dieb – alle Diebe, das Bild – alle Bilder, der Berg – alle Berge.

1 Verbinde die verwandten Nomen. Schreibe sie auf.
Male **b**, **d** und **g** am Wortende an.

Berge	Weg	Hände	Kind
Körbe	Berg	Diebe	Hand
Wege	Lied	Kinder	Feld
Lieder	Korb	Felder	Dieb

Berge – Berg

2 Schreibe die passenden Nomen zu den Verlängerungen auf.
Male **b**, **d** und **g** am Wortende an.

| die Burg | das Sieb | der Stab | das Rad | der Mund | der Tag |

die Burgen   die Tage   die Stäbe

die Burg

die Räder   die Münder   die Siebe

3 Schreibe die passenden Nomen in die Lücken.
Achte dabei auf die Reihenfolge der Wochentage.

| ~~Montag~~ | Dienstag | Bild | Donnerstag | Sonntag | Abend |
| Ausflug | Freitag | Schultag | Samstag | Hund | Tag |

Am Montag_____ hat Mona in der ersten Stunde Sport.

Am _____ macht Leon nachmittags Musik.

Am Mittwoch malen Emil und Ela ein _____ mit Wasserfarben.

Am _____ macht die Klasse einen _____.

Am _____ ist der letzte _____ der Woche.

Am _____ beginnt das Wochenende.

Am _____ hat die ganze Familie frei.

Dann gehen sie mit dem _____ spazieren.

Am _____ packen die Kinder ihre Schulsachen für den nächsten _____.

4 Schreibe die passenden Nomen zu den Verlängerungen auf.

| ~~Abend~~ | Hund | Bild | Tag |

Abende – Abend_____   Bilder – _____

Hunde – _____   Tage – _____

5 Beantworte die Fragen und setze die passenden Nomen ein.

das Hemd	das Geld	der König	der Wind
der Zwerg	das Pferd	das Flugzeug	das Bad

Was hat Knöpfe?

das Hemd

Wer weht die Blätter vom Baum?

Was brauchst du, um zu bezahlen?

Welcher Raum hat eine Dusche oder Wanne?

Wer trägt eine Krone?

Was reitet der Reiter?

Welche Figur kommt in Märchen vor?

Was fliegt die Menschen in den Urlaub?

6 Schreibe die passenden Nomen zu den Verlängerungen.

Siebe – Sieb

Gelder –

Münder –

Räder –

Hemden –

Winde –

Zwerge –

Bäder –

Flugzeuge –

Pferde –

7 Verbinde die verwandten Verben. Schreibe sie auf.

wir bleiben	er zeigt	wir leben	er sagt
wir fragen	sie bleibt	wir sagen	sie legt
wir singen	er singt	wir üben	sie lebt
wir zeigen	sie fragt	wir legen	er übt

wir bleiben – sie bleibt

8 Unterstreiche die passenden Verben zu den Verlängerungen.
Schreibe die verwandten Verben auf.

schreiben liegen kleben glauben lieben loben

Luisa schreibt ihrer Oma einen Brief.

Niklas liegt gerne lange im Bett.

Ela liebt ihren kleinen Hund.

Anna klebt ein Bild aus Papier auf.

Jan glaubt an den Sieg seiner Mannschaft.

Der Lehrer lobt die Kinder aus seiner Klasse.

schreiben – schreibt

9 Setze die passenden Adjektive ein.
Male die Verlängerungen an.

wild – wilde	gesund – gesunde	weit – weite	lieb – liebe

gelb – gelbe	fremd – fremde	rund – runde

Das Tier ist wild .

Das wilde Tier hat Hunger.

Das Kind ist _____ .

Das _____ Kind freut sich.

Das Hemd ist _____ .

Das _____ Hemd hat kurze Ärmel.

Das Pferd ist _____ .

Das _____ Pferd ist scheu.

Der Weg zum Reiterhof ist _____ .

Der _____ Weg zum Reiterhof lohnt sich.

Der Freund von Tom ist _____ .

Der _____ Freund von Tom heißt Kir.

Der Ball ist _____ .

Der _____ Ball hat bunte Streifen.

10 Unterstreiche im Text die passenden Wörter zu den Verlängerungen.
Schreibe den Text ab.

| Länder | Hunde | leben | legen | Felder | zeigen | sagen | Wege |

Juris Tante Sara lebt auf dem Land.

Morgens geht Juri mit ihrem Hund Frido spazieren.

Oft ist Frido der Weg zu weit.

Dann legt er sich einfach hin.

Juri zeigt ihm dann einen Hundekeks.

Seiner Tante Sara sagt er nichts davon.

Über ein großes Feld laufen sie zurück.

Juris Tante Sara lebt auf dem Land.

Das hast du gelernt:

Wenn du ein Wort verlängerst, siehst du, ob es mit **d** oder ☐ ,

g oder ☐ , **b** oder ☐ geschrieben wird.

Wörter mit mehreren Mitlauten am Anfang

1 Ordne die Wörter nach ihren zwei Anfangsbuchstaben.
Male sie an.

das Brot	die Blume	kleben	bringen	fragen	die Frucht
das Gras	der Traum	bleiben	graben	tragen	der Kreis
das Kleid	die Flasche	fliegen	krank		

Wörter mit **Br/br**

das Brot

Wörter mit **Bl/bl**

Wörter mit **Gr/gr**

Wörter mit **Kr/kr**

Wörter mit **Fl/fl**

Wörter mit **Fr/fr**

Wörter mit **Kl/kl**

Wörter mit **Tr/tr**

Wörter mit besonderen Mitlautverbindungen

2 Schreibe die passenden Verben auf.
Male die zwei Anfangsbuchstaben an.

| glauben | brauchen | blühen | frieren | bluten | trinken |

er glaubt

glauben

sie blutet

er braucht

es blüht

er friert

sie trinkt

3 Unterstreiche die Wörter mit mehreren Mitlauten am Anfang. Schreibe den Text ab.

| Kleid | grün | glatt | groß | fremd | klein | braucht |

Ela hat ein neues Kleid bekommen.

Der Stoff ist lila und glatt.

Es ist unten noch ein bisschen groß.

Ela kommt sich darin noch fremd vor.

Wenn es zu klein ist, braucht Ela ein neues.

Das soll grün und rot sein.

Ela hat ein neues Kleid bekommen.

Wörter mit doppelten Mitlauten

1 Ordne die Nomen nach ihren doppelten Mitlauten.
Male die doppelten Mitlaute an.

Sommer	Löffel	Füller	Schlitten	Himmel	Messer

Wasser	Spinne	Koffer	Donner	Wetter	Brille

mm

Sommer

ff

ll

tt

ss

nn

2 Schreibe die passenden Nomen zu den Bildern.
Male die doppelten Mitlaute an.

Ball – Bälle	Blatt – Blätter	Nuss – Nüsse

Ball

Bälle

Wörter mit besonderen Mitlautverbindungen

3 Schreibe zu jedem Nomen das passende Reimwort.
Male die doppelten Mitlaute an.

Puppe	Tasse	Teller	Sonne	Schlüssel

Klasse	Nüsse	Tanne	Butter

Suppe

Puppe

Keller

Kasse

Tonne

Schüssel

Gasse

Mutter

Wanne

Küsse

4 Setze die passenden Wörter in die Lücken ein.

Mutter	Handball	Mittwoch	kann	Kissen

Zimmer	Donnerstag	Sonntag	Bett

Am Montag fährt Lisa mit ihrer Mutter einkaufen. Am Dienstag

geht sie zum _____ . Am _____ spielt sie Flöte

in der Musikschule. Am _____ ist sie bei Oma und Opa.

Dort hat sie sogar ein eigenes _____ . Am Freitag

_____ sie ihren Papa besuchen. Samstag und _____

schläft Lisa gern lange. Manchmal bleibt sie bis neun Uhr im _____

und kuschelt sich nochmal in das _____ .

5 Verbinde die passenden Reimwörter. Schreibe sie auf.

glatt	hell	soll	Fass
schnell	bellen	nett	toll
stellen	satt	nass	Bett

glatt – satt

_____

_____

_____

_____

_____

6 Schreibe die passenden Wörter in die Lücken.

| dünn | Kamm | allein | Mitte | Schloss | Mann | flüssig | offen |

Ennos Buch ist nicht dick, sondern **dünn** .

Ari spielt nicht mit seiner Schwester, sondern _____ .

Emma kämmt sich nicht mit der Bürste, sondern mit dem _____ .

Tom sitzt nicht am Rand, sondern in der _____ .

Eine Königin wohnt nicht in einem Haus, sondern in einem _____ .

Der König von England ist keine Frau, sondern ein _____ .

Wasser ist nicht fest, sondern _____ .

Die Tür ist nicht geschlossen, sondern _____ .

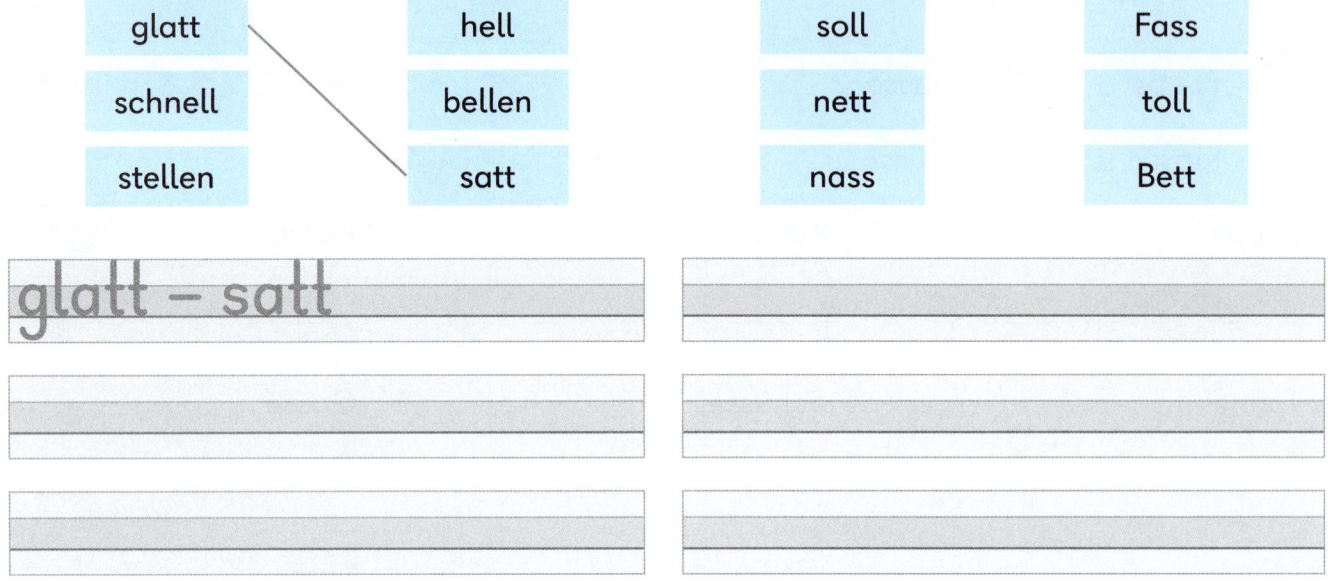

Wörter mit besonderen Mitlautverbindungen

7 Schreibe die passenden, verwandten Verben auf.

| ~~schwimmen~~ | klettern | brennen | fallen | rennen | essen |

sie schwimmt

schwimmen

er isst

er fällt

es brennt

sie klettert

er rennt

8 Schreibe die passenden Verben in die Lücken.

| ~~füllen~~ | bitten | rollen | sollen | wollen | müssen | lassen | füttern |

Lola will Saft in ihre Trinkflasche füllen .

Dafür muss sie ihre Mutter um Hilfe _____ .

Ben und Papa _____ die Räder aus der Garage.

Sie _____ geputzt werden.

Oma und Opa _____ morgen verreisen.

Sie _____ heute noch zwei große Koffer packen.

Ihre Vögel Nelson und Pippa dürfen sie bei Lola

und Ben _____ .

Die Kinder werden sie jeden Tag _____ .

9 Lies den Text. Unterstreiche alle passenden Wörter mit doppelten Mitlauten. Schreibe den Text ab.

Herr	Klasse	Sommer	schnell	tolle	rennt
Fußballerin	Wasser	wissen	klettern	Spinnen	kennen
Schiff	will	alle	schwimmt	alles	können

Herr Sommer lobt seine tolle Klasse:

Lisa und Sami können gut klettern.

Emine rennt sehr schnell.

Ria ist die beste Fußballerin.

Lara und Jo wissen alles über Spinnen.

Leona schwimmt wie ein Fisch im Wasser.

Elias und Ruby kennen alle Saurier.

Elon will einmal ein Schiff steuern.

Herr Sommer lobt seine tolle Klasse:

Wörter mit ck und tz

1 Schreibe die Nomen mit **ck** und **tz** auf.
Male **ck** und **tz** an.

der Wecker	die Katze	der Zucker	der Schatz	die Jacke
der Blitz	die Socke	der Satz	der Rücken	die Mütze
die Ecke	der Rock	die Schnecke	der Schmutz	der Platz
die Hitze	die Hecke	die Decke		

Nomen mit **ck**	Nomen mit **tz**
der Wecker	die Katze

Ich suche einen Schatz.

2 Schreibe die Verben mit **ck** und **tz** auf.
Male **ck** und **tz** an.

| backen | putzen | kicken | packen | setzen | schicken |
| kratzen | pflücken | sitzen | wackeln | wecken | schmecken |

Wörter mit ck

backen

Wörter mit tz

putzen

3 Schreibe die passenden Adjektive in die Lücken.

spitz   eckig   lecker   dick

Julias Bleistift muss   spitz   sein.

Omas neuer Tisch ist _____ .

Erics Katze sieht ziemlich _____ aus.

Sara findet die Plätzchen von Niklas sehr _____ .

Wörter mit besonderen Mitlautverbindungen

Wörter mit Pf/pf

1 Schreibe zu jedem Bild das passende Nomen auf. Male **Pf/pf** an.

| der Topf | das Pferd | das Pflaster | der Knopf | die Pfote | der Pfeil |

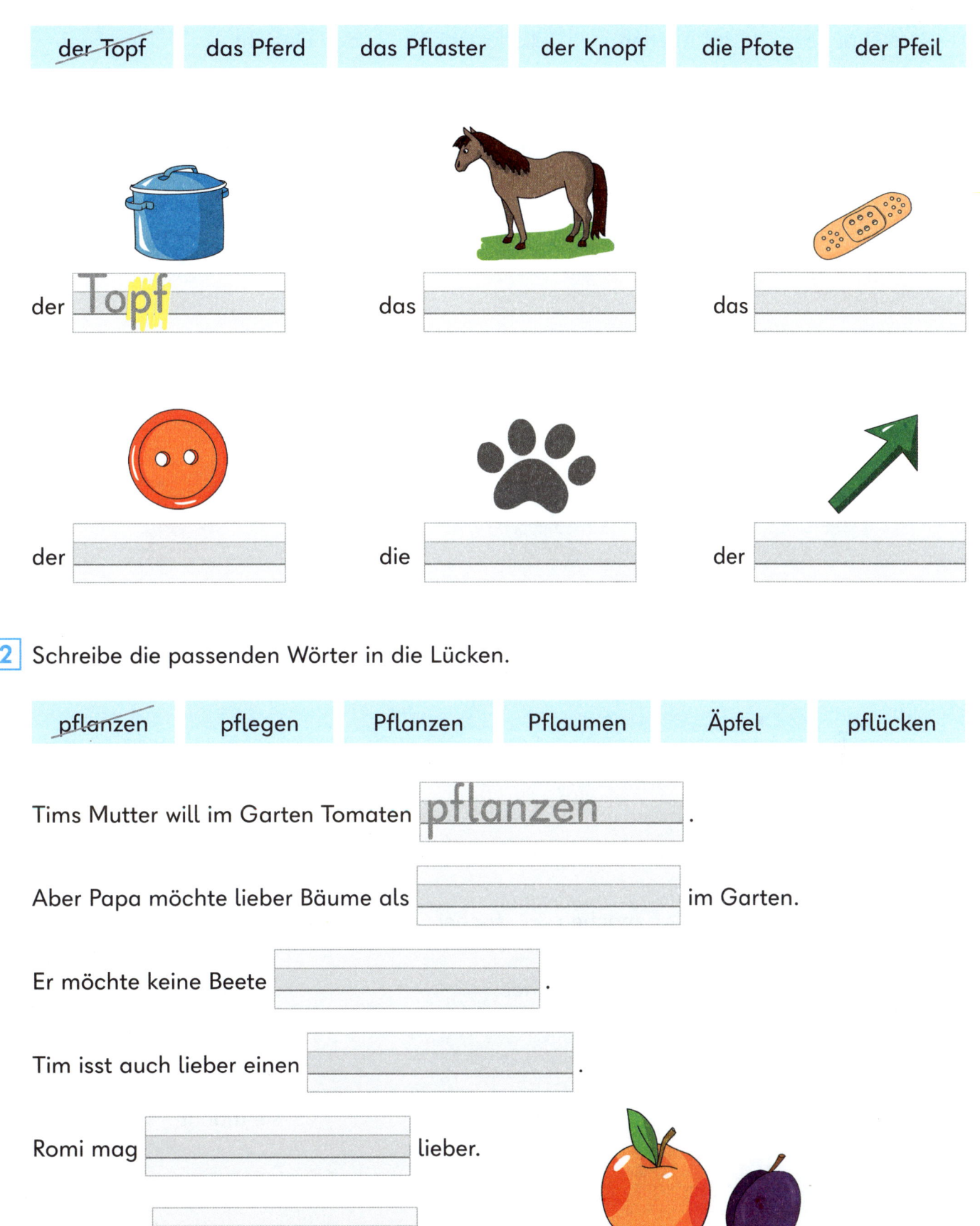

der **Topf**

das _____

das _____

der _____

die _____

der _____

2 Schreibe die passenden Wörter in die Lücken.

| pflanzen | pflegen | Pflanzen | Pflaumen | Äpfel | pflücken |

Tims Mutter will im Garten Tomaten **pflanzen** .

Aber Papa möchte lieber Bäume als _____ im Garten.

Er möchte keine Beete _____ .

Tim isst auch lieber einen _____ .

Romi mag _____ lieber.

Die beiden _____ gern Obst.

Wörter mit ch

1 Schreibe die Nomen mit **ch** auf. Male **ch** an.

der Drache	der Kuchen	die Frucht	das Gesicht	das Fach
die Nacht	das Loch	das Licht	die Küche	das Dach
die Woche	die Tochter	die Milch	das Mädchen	

der Drache

2 Schreibe die passenden Verben mit **ch** auf. Male **ch** an.

| brauchen | rechnen | machen | suchen | kochen | lachen |

er braucht

brauchen

sie rechnet

sie lacht

er sucht

er kocht

sie macht

Wörter mit besonderen Mitlautverbindungen

Wörter mit Sch/sch

1 Schreibe die Nomen mit **Sch/sch** auf. Male **Sch/sch** an.

| das Schiff | das Geschenk | die Schaukel | die Flasche | die Schule | der Schuh |

das Schiff

2 Schreibe die passenden Verben mit **sch** auf. Male **sch** an.

| scheinen | schlafen | schlagen | waschen | schneiden | wünschen |

sie scheint

scheinen

er schläft

sie schlägt

er wäscht

sie schneidet

sie wünscht

3 Schreibe die passenden Adjektive in die Lücken.

| schwarz | schlau | frisch | falsch |

Das Fell von Naomis Katze ist schwarz .

Das Futter ist immer _____ .

Ginas Hund ist sehr _____ .

Er macht nie etwas _____ .

Wörter mit ch und Sch/sch

1 Lies den Text und unterstreiche **elf** Wörter mit **ch** blau und
sieben Wörter mit **Sch/sch** grün. Schreibe den Text ab.

<u>Manchmal</u> gehen Hanna und <u>ich</u> ins Tierheim. Das ist <u>schön</u>.

Zuerst schauen wir nach den Katzen.

Einige dürfen wir streicheln.

Die Hunde besuchen wir danach.

Manche springen hoch.

Sie erkennen uns, denn sie können sich Menschen gut merken.

Zu der Schlange gehen wir zum Schluss.

Wir können sie durch die Scheibe aus Glas beobachten.

Sie ist fünf Meter lang und schläft.

Manchmal gehen Hanna und ich ins

Tierheim.

Wörter mit besonderen Mitlautverbindungen

Wörter mit Sp/sp und St/st

Am Wortanfang spricht man **schp** und **scht**,
man schreibt aber **Sp/sp** und **St/st**:
die Spinne, spielen, der Stein, stehen.

1 Schreibe die Wörter mit **Sp/sp** und **St/st** auf.
Male **Sp/sp** und **St/st** an.

der Spiegel	sparen	die Spinne	der Sturm	stellen	der Stift
stehen	der Stein	die Stunde	der Sport	der Stern	still
spülen	das Spiel	der Spaziergang	sprechen		

Wörter mit **Sp/sp**

der Spiegel

Wörter mit **St/st**

der Stein

2 Schreibe die passenden Wörter in die Lücken.
Achte dabei auf die Reihenfolge.

spielen	springen	spazieren	Stiefel	Stufe	stark

Stange	staunen	streiten	stören	Stamm

Auf dem Spielplatz **spielen** viele Kinder.

Henri und Lia _____ auf dem Trampolin.

Julie und Sofia gehen _____ .

Julie hat ihre neuen _____ an.

Sie fällt über eine _____ .

Zoe und Artur sind _____ .

Sie klettern an der _____ .

Die anderen Kinder _____ .

Jona und Niki _____ .

Niki soll Jona nicht auf der Schaukel _____ .

Levi sitzt auf einem dicken _____ .

Das hast du gelernt:

Du sprichst **scht**, schreibst aber ☐ .

Du sprichst **schp**, schreibst aber ☐ .

Wörter mit ng und nk

1 Schreibe die Wörter mit **ng** und **nk** auf.
Male **ng** und **nk** an.

~~der Anfang~~	~~danken~~	die Zunge	fangen
der Enkel	die Bank	das Geschenk	dunkel
die Zange	der Ring	der Finger	der Punkt
der Hunger	schenken	der Onkel	der Junge

Wörter mit **ng**

der Anfang

Wörter mit **nk**

danken

Ich **schenke** Mama ein **Geschenk**.

2 Verbinde die passenden Reimwörter. Schreibe sie auf.
Male **ng** und **nk** an.

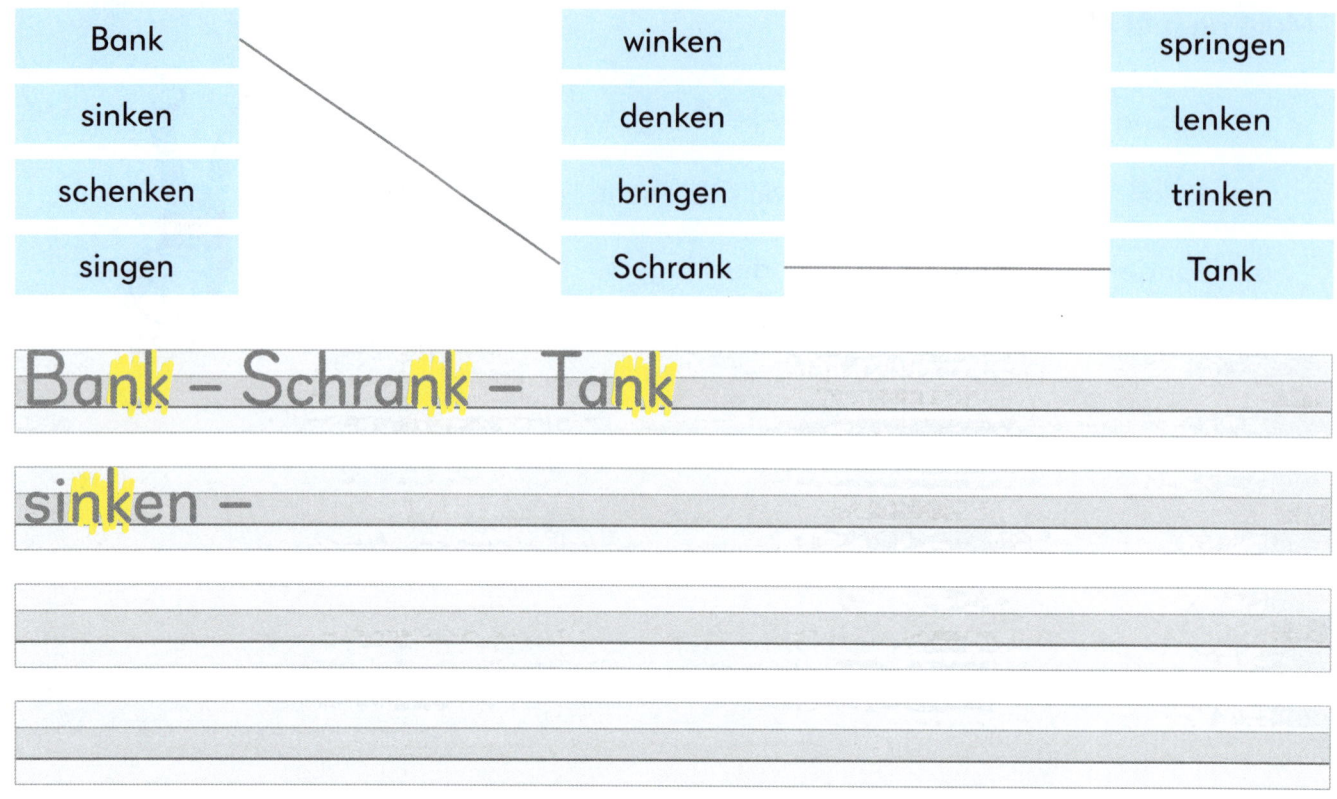

Bank	winken	springen
sinken	denken	lenken
schenken	bringen	trinken
singen	Schrank	Tank

Bank – Schrank – Tank

sinken –

3 Schreibe die passenden Adjektive in die Lücken.

| lang | jung | eng | langsam | dunkel | krank |

Die Haare sind nicht kurz, sondern lang .

Das Reh ist nicht alt, sondern .

Die Hose ist nicht weit, sondern .

Der Hund ist nicht gesund, sondern .

Die Nacht ist nicht hell, sondern .

Der Bus ist nicht schnell, sondern .

Wörter mit besonderen Mitlautverbindungen

Wörter mit Zwielauten

Man nennt **au**, **eu** und **ei** Zwielaute, weil sie aus zwei Lauten bestehen: das *Auto*, *neu*, *das Kleid*.

Auch Zwielaute sind Silbenkönige.

1 Schreibe die Wörter mit **Au/au**, **ei** und **eu** auf.
Zeichne Silbenbögen und male die Zwielaute an.

die Ameise	das Auto	das Feuer	frei	neun
das Kleid	laufen	die Schaukel	neu	laut
die Freude	bleiben			

Wörter mit **Au/au**

das Auto

Wörter mit **ei**

die Ameise

Wörter mit **eu**

das Feuer

2 Schreibe zu jedem Bild das passende Nomen.
Zeichne Silbenbögen und male **Au/au** an.

| der Baum | der Bauer | das Auge | die Raupe | die Schaufel | die Frau |

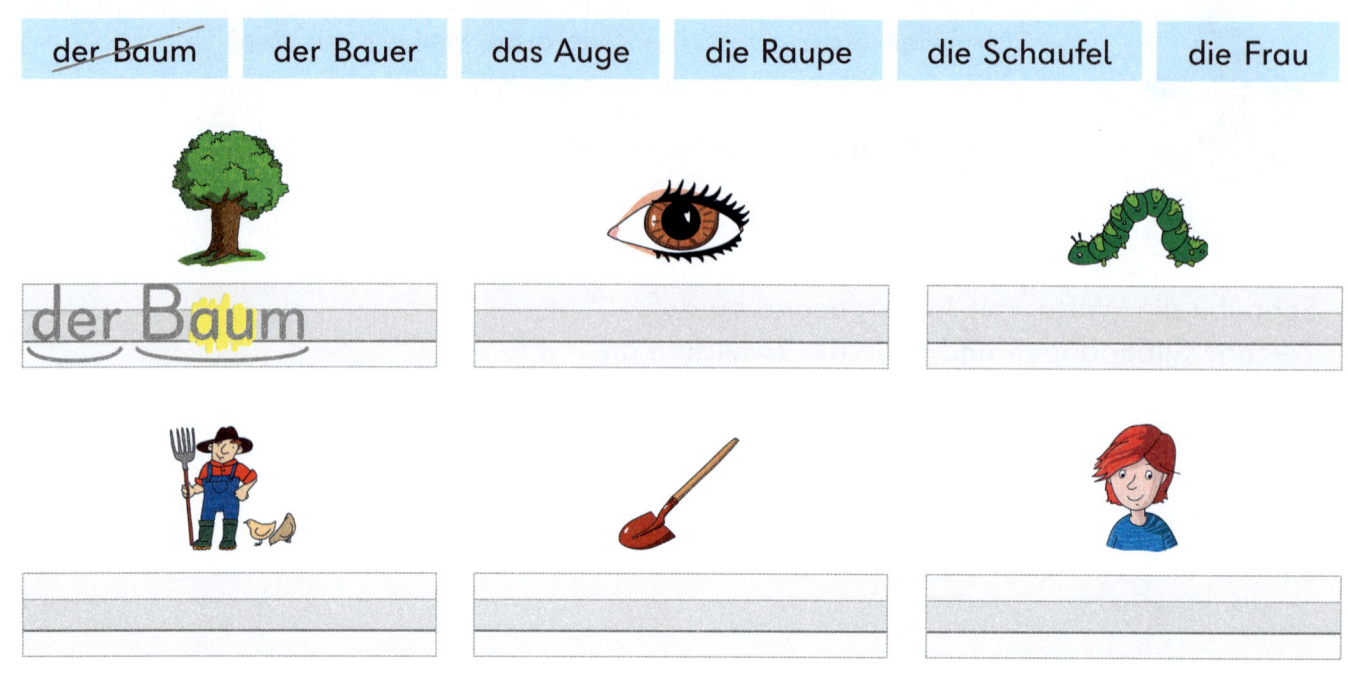

der Baum

3 Schreibe die passenden Verben mit **au** auf.

| bauen | kaufen | brauchen |

sie baut

bauen

er kauft

er braucht

4 Schreibe die passenden Wörter mit **Au/au** in die Lücken.

| August | Pause | Aufgabe | sauber |

Leni hat im August Geburtstag.

Sami und Suad rennen in die _____ .

Leo löst eine schwierige _____ .

Franzi macht die Tafel _____ .

1 Verbinde die Reimwörter mit **Ei/ei**.

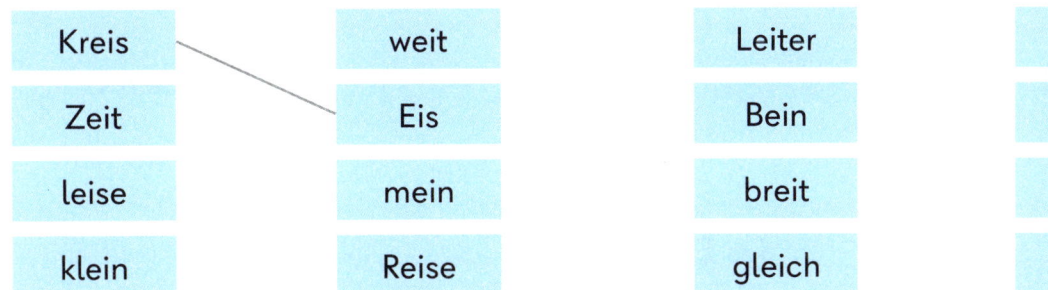

Kreis	weit		Leiter	fein
Zeit	Eis		Bein	Streit
leise	mein		breit	weich
klein	Reise		gleich	weiter

2 Schreibe die Wortpaare auf.
Zeichne Silbenbögen und male **Ei/ei** an.

Kreis – Eis

3 Schreibe die passenden Verben mit **ei** auf.

| reiten | reisen | scheinen | pfeifen |
| schreiben | weinen | schneiden | schreien |

er reitet

reiten

sie reist

sie pfeift

er weint

sie schneidet

er schreit

er scheint

er schreibt

4 Schreibe die passenden Wörter mit **Ei/ei** auf.
Zeichne Silbenbögen.

~~sein~~ Seil	deine Seite	dein Ei
ein Schwein	mein Eimer	meine Seife

das Seil

sein Seil

das Ei

die Seife

das Schwein

der Eimer

die Seite

5 Lies den Text. Unterstreiche die **zehn** Wörter mit **ei**.
Schreibe den Text ab.

Leila geht seit drei Wochen zum Judo.

Sie kann allein hingehen, weil die Halle nicht weit weg ist.

An der Tür warten ihre zwei Freundinnen.

Die Kinder lassen ja keine Stunde aus.

Auch bei dem zweiten Kurs waren sie schon.

Leila geht seit drei Wochen zum Judo.

1 Schreibe die Wörter mit **Eu/eu** auf.
Zeichne Silbenbögen und male **Eu/eu** an.

~~das Feuer~~	die Eule	der Freund	die Leute
der Euro	die Freude	die Freundin	die Beute

das Feuer

2 Schreibe die passenden Wörter mit **eu** in die Lücken.

~~heute~~	neue	neun	eure	neu	Freundin	neugierig

In Eriks Klasse gibt es heute eine Überraschung.

Eine _____ Schülerin kommt in die Klasse.

Sie ist schon _____ Jahre alt.

Erik ist _____.

Vielleicht will Olga seine _____ sein.

Die Lehrerin sagt: Für Olga ist hier bei uns alles _____.

Vielleicht braucht Olga _____ Hilfe.

3 Unterstreiche alle Wörter mit **au** blau, mit **eu** grün und mit **ei** rot im Text. Schreibe sie auf.

Ari ist Henris bester Freund.

Die beiden Freunde teilen alles miteinander.

Ari will Henri heute seine neuen Fische zeigen.

Er hat sie zu Weihnachten bekommen.

Aber keiner darf sie anfassen.

Die meisten Fische sind braun oder grau.

Einige Fische sind blau oder gelb.

Jeden Freitag macht Ari das Becken sauber.

Aber Henri möchte lieber gleich zu Janas Feier gehen.

Er hat auch schon eine geheime Idee, was er Jana mitbringt.

Wörter mit **au**	Wörter mit **eu**
braun,	Freund,

Wörter mit **ei**
beiden,

Das hast du gelernt: ⌣

Die Zwielaute sind ☐ , ☐ und ☐ .

Sie bestehen aus ☐ Lauten.

Wörter mit ie

Hört man ein **langes i**, schreibt man meistens **ie**:
*lie*ben, *das Fie*ber, hi*e*r.

1 Schreibe zu jedem Bild das passende Nomen auf.
Zeichne Silbenbögen und male **ie** an.

| die Biene | der Brief | die Zwiebel | der Stiefel | die Ziege | die Wiese |

die Biene

2 Schreibe die Nomen mit **ie** auf.
Male **ie** an.

| der Dieb | die Fliege | das Knie | das Spiel |
| das Fieber | das Lied | das Papier | der Riese |

der Dieb

3 Schreibe die passenden Verben mit **ie** auf.
Zeichne Silbenbögen und male **ie** an.

lieben	frieren	wiegen	schieben	riechen

liegen	fliegen	spielen	siegen

er liebt

lieben

sie friert

er liegt

er wiegt

sie spielt

sie fliegt

er schiebt

er riecht

sie siegt

4 Verbinde immer **drei** Reimwörter. Schreibe sie auf.

vier	die	Tier
nie	hier	Riese
diese	Wiese	wie

schief	lieben	schieben
sieben	tief	Sieb
Dieb	lieb	Brief

vier – hier – Tier

nie –

Wörter mit besonderen Selbstlautverbindungen

5 Unterstreiche die **elf** Wörter mit **ie** im Text. Schreibe sie auf.

Azam und Lotte lieben Tiere.

Heute gehen beide wieder zu ihrer Oma.

Oma hat eine liebe Hündin mit Namen Wilma.

Die Kinder wollen mit ihr einen Spaziergang über die grüne Wiese machen.

Aber sie will dieses Mal nicht mitgehen.

Wilma bleibt lieber hier liegen.

lieben,

6 Schreibe die passenden Wörter mit **ie** in die Lücken.

Spiegel	schief	lieb	tief	Tier
vier	Dienstag	viel	sieben	

Der Spiegel hängt nicht gerade, sondern _____.

Das Schwimmbecken ist nicht flach, sondern _____.

Das _____ guckt nicht böse, sondern _____.

Drei plus _____ ist nicht acht, sondern _____.

Nach Montag kommt nicht Mittwoch, sondern _____.

Levios Katze frisst nicht wenig, sondern _____.

Das hast du gelernt: ‿

Wenn du ein **langes i** hörst, schreibst du meistens ☐ .

Wörter mit Merkstellen

Bei manchen Wörtern hörst du nicht, wie sie geschrieben werden. Sie haben Merkstellen, die du dir einprägen musst: z. B. das *Meer*, der *Tiger*, der *Vogel*, das *Baby*, der *Ochse*. Du musst sie dir gut merken.

1 Ordne die Wörter nach ihren Merkstellen. Male sie an.

das Meer	der Tiger	das Baby	der Ochse	der Vogel	das Mehl
die Soße	der Club	der Gruß	der Hahn	der Käse	die Party
der Lachs	der Pirat	der Saal	der Vampir	die Creme	der Käfig

Wörter mit **ee/aa**	Wörter mit **i**	Wörter mit **V**
das Meer		

Wörter mit **y**	Wörter mit **h**	Wörter mit **ß**

Wörter mit **ä**	Wörter mit **chs**	Wörter mit **C**

Merkwörter mit langem I/i

1 Schreibe zu jedem Bild das passende Nomen auf. Male **I/i** an.

der Igel	der Tiger	das Krokodil
der Biber	die Zitrone	die Maschine

der Igel

2 Lies die Sätze. Schreibe sie ab.
Male das lange **i** in den Merkwörtern an.

Morgen gehen wir mit Papa ins Kino.

Meine Schwester hört gern mit mir Musik.

Ich zeige dir meine kleinen Kaninchen.

Gestern war ich mit meiner Familie im Dinopark.

Manchmal hörst du ein **ie**, das Wort wird aber nur mit **i** geschrieben.

Morgen gehen wir mit Papa ins Kino.

Merkwörter mit doppelten Selbstlauten

1 Schreibe die Nomen mit **aa**, **ee** und **oo** auf. Male **aa**, **ee** und **oo** an.

das Haar	die Beere	das Boot	die Haare
das Meer	das Moos	der Schnee	der See

Wörter mit **aa**

das Haar

Wörter mit **ee**

Wörter mit **oo**

2 Schreibe die passenden Wörter in die Lücken.

Zoo	paar	See	Tee

Die Kinder sind mit ihrer Klasse im Zoo .

Am _____ machen sie ein Picknick.

Simon hat _____ dabei.

Luisa will Rico ein _____ Gummibärchen schenken.

Merkwörter mit V/v und ß

1 Schreibe die Nomen mit **V/v** auf. Male **V/v** an.

| der Vater | die Vase | der Verkehr | die Vögel | der Vulkan | der November |

V wie **F**	**V** wie **W**
der Vater	

2 Schreibe die Wörter mit **ß** auf. Male **ß** an.

| der Fuß | weiß | der Spaß | die Straße | fließen | heißen |

der Fuß		

3 Unterstreiche **vier** Wörter mit **V/v** und **fünf** Wörter mit **ß** im Text. Schreibe sie auf.

Heute ist es sehr heiß.

Die Kinder spielen draußen Fußball.

Dalias Hunde sitzen brav hinter dem Tor.

Da kommen Dalias Väter mit einer Truhe voll mit Eis vorbei.

Dalia darf das Eis verteilen.

Es ist groß und schmeckt süß.

heiß,

Merkwörter mit C, ä und y

1 Schreibe zu jedem Bild das passende Nomen auf. Male **C, ä** und **y** an.

der Bär	der Clown	das Pony	der Cent	das Baby
der Käfer	die Säge	der Teddy	der Comic	

der Bär

2 Schreibe die passenden Wörter in die Lücken.

März	Handy	spät	Computer

Mara hat im **März** Geburtstag.

Sie wünscht sich ein eigenes _____ .

Manchmal darf Mara abends Mamas _____ benutzen.

Aber nur, wen Mama nicht zu _____ von der Arbeit kommt.

Merkwörter mit chs und ks

1 Schreibe die Wörter mit **chs** und **ks** auf. Male **chs** und **ks** an.

der ~~Dachs~~	der Fuchs	wechseln	der Keks	wachsen
der Luchs	sechs	~~links~~	das Wachs	die Echse

Wörter mit chs

der Da**chs**

Wörter mit ks

links

2 Unterstreiche die **fünf** Wörter mit **chs** im Text. Schreibe sie auf.

Im Wildpark können Tim und Esra viele Tiere beobachten.

Gerade kommen die Füchse aus ihrem Bau.

Den Dachs erkennt man an seinem gestreiften Fell.

Der Luchs schläft hinter einem Stein.

Die Ochsen bleiben in ihrem Stall.

Eine Eidechse sonnt sich auf der Mauer.

Du hörst **ks**, schreibst aber **chs**!

Füchse,

Merkwörter mit h

In manchen Wörtern hört man das **h** nicht.
Du musst sie dir gut merken.

1 Schreibe die passenden Nomen mit **h** auf. Male **h** an.

| das Ohr | die Zahl | das Huhn | die Bahn | die Uhr |
| der Sohn | die Höhle | der Stuhl | der Zahn | |

die Ohren

das Ohr

die Zahlen

die Zähne

die Hühner

die Stühle

die Uhren

die Söhne

die Höhlen

die Bahnen

2 Schreibe die passenden Verben mit **h** auf. Male **h** an.

| bezahlen | wohnen | erzählen | fehlen | bohren |
| fahren | zahlen | zählen | fühlen | |

sie bezahlt

bezahlen

er erzählt

sie fährt

er wohnt

sie zahlt

er zählt

sie fehlt

sie bohrt

er fühlt

3 Unterstreiche die passenden Nomen mit **h**. Schreibe die Sätze ab.

| Fahrrad | Verkehr | Weihnachten | Lehrerin |
| Fehler | Jahr | Frühling | Zahlen |

Ben will hundert Euro für sein Fahrrad sparen.

Auf der Straße ist viel Verkehr.

Jedes Jahr feiern wir Geburtstag.

Weihnachten ist im Dezember.

Im Monat April ist Frühling.

Im August kommt eine neue Lehrerin.

Bei dieser Aufgabe möchte ich keine Fehler machen.

Ich lese die Zahlen manchmal falsch.

Ich mag den Frühling!

Ben will hundert Euro für sein Fahrrad sparen.

4 Schreibe die passenden Wörter mit **h** in die Lücken.

zehn	ohne	wahr	nehmen
wohnen	kühl	früh	zählen

An zwei Händen hast du **zehn** Finger.

Ben isst sein Eis immer _____ Sahne.

Linus will seinen Teddy mit in die Schule _____ .

Hanna ist heute sehr _____ aufgewacht.

Märchen sind nicht _____ , sondern ausgedacht.

Wim und Frido _____ neben der Schule.

Lin kann ganz schnell rückwärts _____ .

Im Herbst ist es morgens oft _____ .

5 Unterstreiche die **sieben** Wörter mit **ih** im Text. Schreibe sie auf.

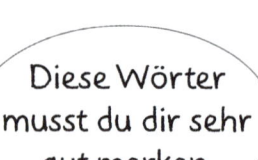

Diese Wörter musst du dir sehr gut merken.

Mona sieht auf dem Spielplatz <u>ihren</u> kleinen Bruder Tim.

Zwei größere Jungen halten ihn fest.

Mona rennt zu ihnen hin. Sie will ihrem Bruder helfen.

Aber ihr Bruder will ihre Hilfe nicht. Da lassen die Jungen Tim los.

Mona geht mit ihm nach Hause.

ihren,

Kleine Merkwörter

1 Lies den Text und schreibe ihn ab.
Unterstreiche die kleinen Merkwörter.

Es ist Juni. Mara freut sich sehr, doch warum?

Sie macht mit ihrer Klasse einen Ausflug.

Vor dem Bahnhof treffen sie sich.

Die Lehrerin schaut, ob alle da sind.

Sie sagt, dass Gina fehlt, denn sie ist ein bisschen krank.

Ab morgen kommt sie wieder.

Dann kommt die Bahn.

Es ist Juni. Mara freut sich <u>sehr</u>,

doch warum?

Das hast du gelernt: Ⓜ

Bei manchen Wörtern musst du dir **merken**, wie sie geschrieben

werden, z. B. bei M ▢ r, T ▢ ger oder ▢ ogel.

Weitere Merkwörter

1 Schreibe zu jedem Bild das passende Nomen.

| der Kaiser | der Hai | die Stadt | der Computer | das Handy | das Tablet |

der Kaiser

2 Schreibe die passenden Wörter in die Lücken.

| Ferien | Ponyhof | Picknick | Internet | Mai | Balkon | trainieren |

Alle haben Pläne für die Ferien.

Leon hat sich schon im _____ über das _____

einen Segelkurs ausgesucht.

Sarah will das Tauchen _____.

Jeden Nachmittag möchte sie auf dem _____ helfen.

Die kleine Emma findet es zu Hause auf dem _____ am schönsten.

Doch alle sind sich einig: ein _____ auf der Wiese muss es auch geben.

Ⓜ Wörter mit Merkstellen

Wichtige Wörter

1 Setze die passenden Wörter in die Lücken.

| auf | unter | neben | hinter | über |

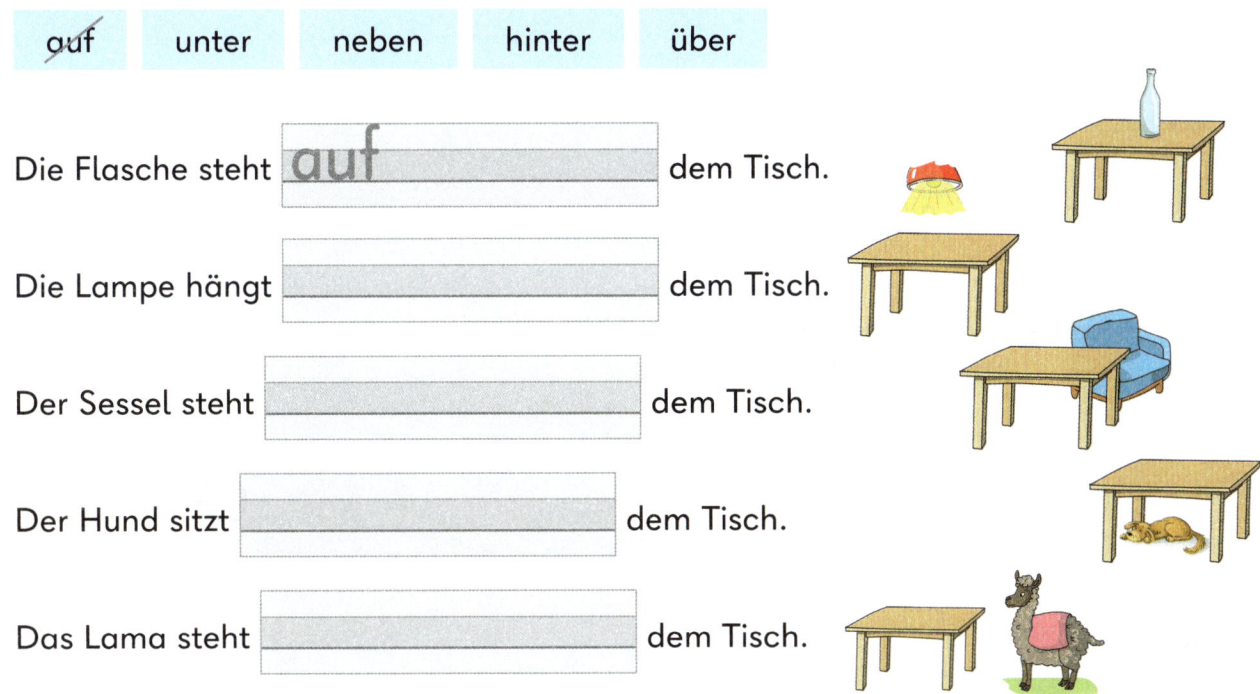

Die Flasche steht **auf** dem Tisch.

Die Lampe hängt _____ dem Tisch.

Der Sessel steht _____ dem Tisch.

Der Hund sitzt _____ dem Tisch.

Das Lama steht _____ dem Tisch.

2 Lies den Text. Unterstreiche die kleinen Wörter.
Schreibe sie auf.

Tom ist mit seiner Schwester Leonie im Freibad.

Sie wollen sofort ins Wasser.

Tom rennt schnell zum Becken.

Das Wasser ist kalt.

Tom ruft seine Schwester.

Sie wartet aber schon an der Leiter vom Sprungturm.

Dann rennt er auch zur Leiter.

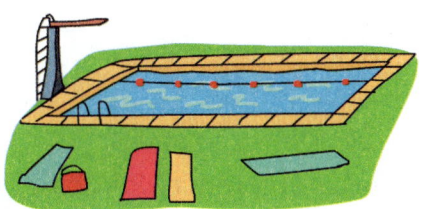

ist, mit,

_____

_____

3 Schreibe die passenden Fragewörter in die Lücken.

Wann   Wie   Was   Wen   Wer   Wo

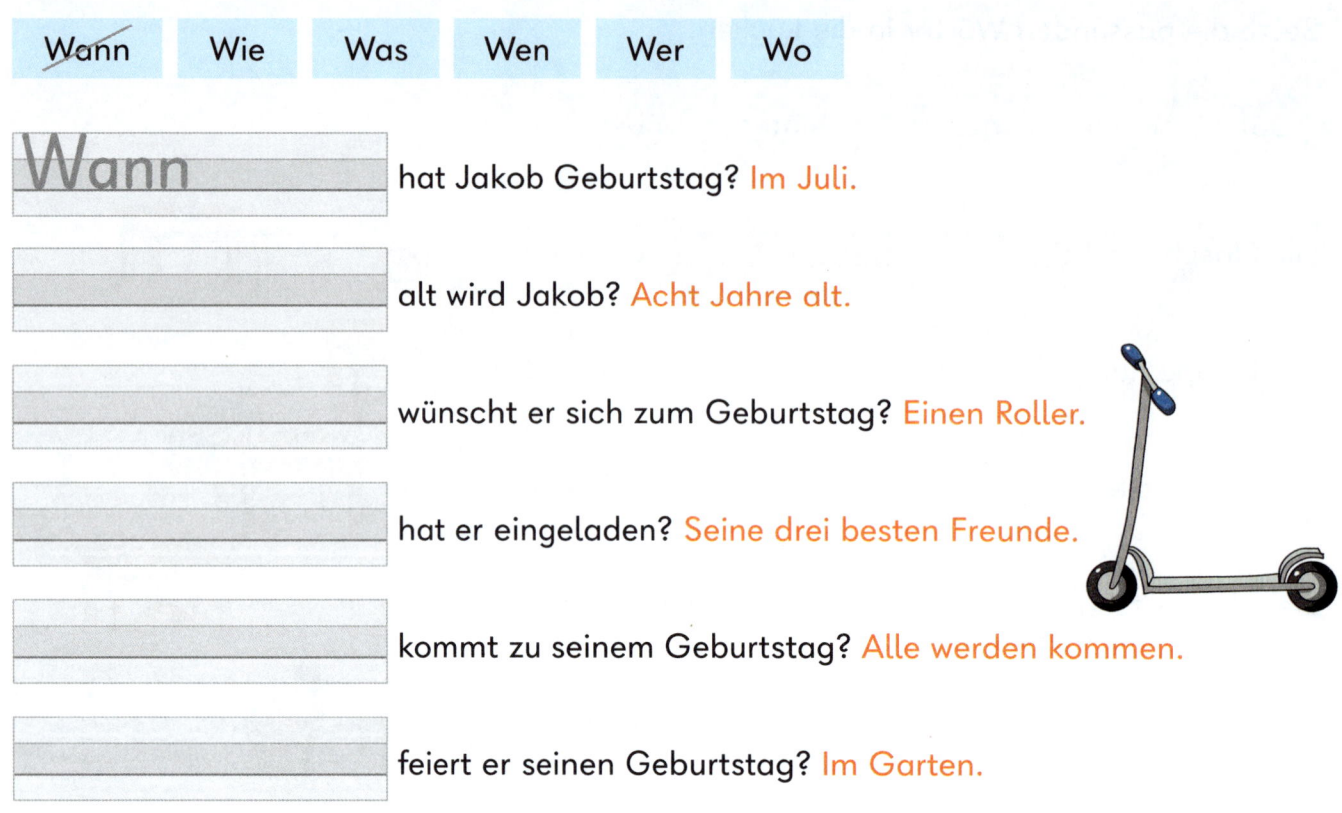

Wann hat Jakob Geburtstag? Im Juli.

_____ alt wird Jakob? Acht Jahre alt.

_____ wünscht er sich zum Geburtstag? Einen Roller.

_____ hat er eingeladen? Seine drei besten Freunde.

_____ kommt zu seinem Geburtstag? Alle werden kommen.

_____ feiert er seinen Geburtstag? Im Garten.

4 Setze die passenden Wörter in die Lücken.
Achte auf die Reihenfolge.

seit   bald   weiter   auch   noch   neuer

Jakobs Gäste spielen seit _____ zwei Stunden im Garten.

Aber _____ soll es ein Gewitter geben.

Die Kinder spielen in Jakobs Zimmer _____ .

Am Abend kommt _____ Jakobs Tante Katrin.

Sie hat _____ ein Geschenk für Jakob.

Es ist ein _____ Helm.

5 Sprich die Wörter und schwinge sie. Schreibe sie auf.
Zeichne Silbenbögen.

| uns | immer | jeder | etwas | hallo | weil | fast | ganz |

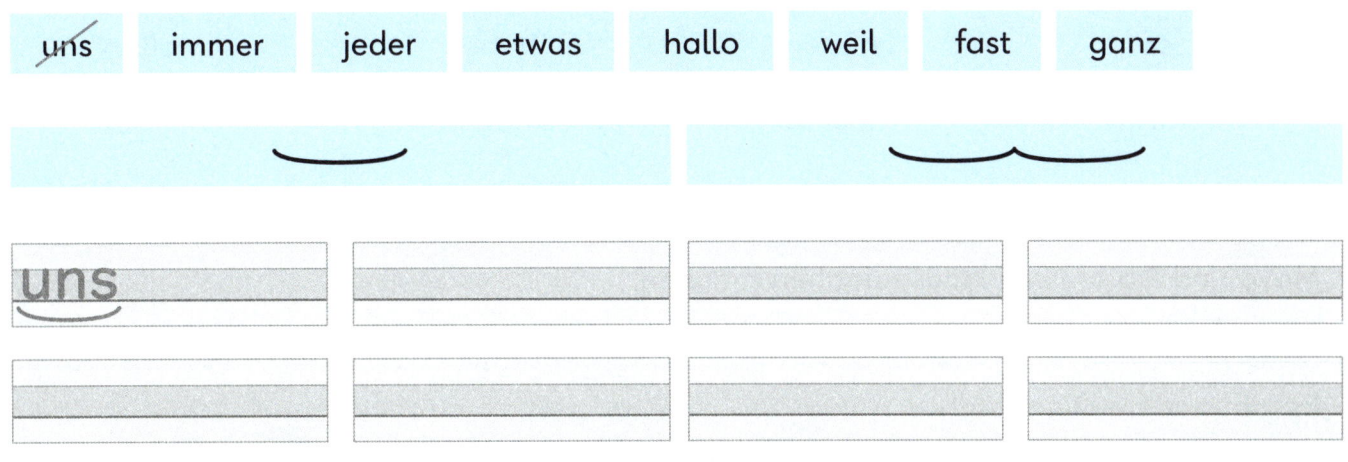

uns

6 Verbinde die Reimwörter. Schreibe sie auf.

nein	noch	wem	so	deiner	meiner
doch	kein	wo	zu	dich	dir
nie	wie	du	dem	wir	mich

nein – kein

7 Setze die passenden Wörter in die Lücken.

| gern | zur | Bis | wenige |

Luisa geht gern mit Roman _____ Schule.

_____ zum Tor brauchen sie nur

_____ Minuten.

8 Lies den Text. Unterstreiche die passenden Verben.
Schreibe den Text ab.

| ist | dürfen | haben | wollen |
| tun | möchten | mögen | müssen |

Heute Nachmittag <u>ist</u> schönes Wetter.

Maya und Rio müssen Hausaufgaben machen.

Sie haben aber keine Lust.

Es gibt andere Dinge zu tun.

Sie wollen Opas Tauben füttern.

Ihre Freunde möchten sie auch besuchen.

Aber erst nach den Hausaufgaben dürfen sie rausgehen.

Das mögen die beiden gar nicht.

Heute Nachmittag ist schönes Wetter.

Wörter mit Z/z

1 Schreibe zu jedem Bild das passende Nomen auf. Male **z** an.

| das Herz | die Kerze | die Zehe | der Pilz | der Zug | das Salz |

das Herz

2 Unterstreiche die **14** Wörter mit **Z/z** im Text. Schreibe sie auf.

Lasse schreibt einen <u>kurzen</u> Text über Zitronen.

Elif und Emine sind ganz stolz.

Sie dürfen zusammen im Verein tanzen.

Murat und seine Familie ziehen in eine andere Stadt.

Niklas zeigt Erik ein lustiges Rätsel.

Im März wird Maria zwölf Jahre alt.

Ihre Oma schenkt ihr zwanzig Euro zum Geburtstag.

Sie zählt jeden einzelnen Euro.

kurzen,

Wörter mit Qu/qu

1 Schreibe die Wörter mit **Qu/qu** auf. Male **Qu/qu** an.

das ~~Quadrat~~	quaken	die Quelle	die Qualle
bequem	der Quark	der Quatsch	der Qualm
quer	quietschen	das Quiz	das Quartett

das **Qu**adrat

2 Beantworte die Fragen.
Schreibe die passenden Wörter aus Aufgabe 1 mit **Qu/qu** auf.

Was findest du im Sommer am Strand?

die Qualle

Was hat vier Ecken?

Was wird aus Milch hergestellt?

Was machen Frösche?

Wie sind Sessel?

Wörter mit vokalisiertem r

In manchen Wörtern ist das **r** schwer zu hören.
Sprich deutlich und achte beim Schreiben darauf.

1 Sprich die Nomen mit **r** deutlich. Schreibe sie auf. Male **r** an.

~~der Februar~~	die Gurke	der Berg	die Erde	die Birne
der Partner	der Körper	die Burg	der Arm	die Würste
der Herbst	die Kirsche	die Karte	die Farbe	die Kirche
der Korb	das Papier	der Würfel	der Januar	der März

der Februar

2 Schreibe die passenden Verben mit **r** auf.
Male **r** an.

| ~~lernen~~ | arbeiten | turnen | warten | antworten | werfen |

ich lerne

le**r**nen

ich turne

ich antworte

ich arbeite

ich werfe

ich warte

3 Verbinde die Reimwörter. Schreibe sie auf.
Male **r** an.

Garten	für
Tür	warten
Tor	hier
Tier	Wurm
Turm	vor

Wurst	dir
der	gern
wir	Durst
Stern	dort
Wort	wer

Ga**r**ten – wa**r**ten

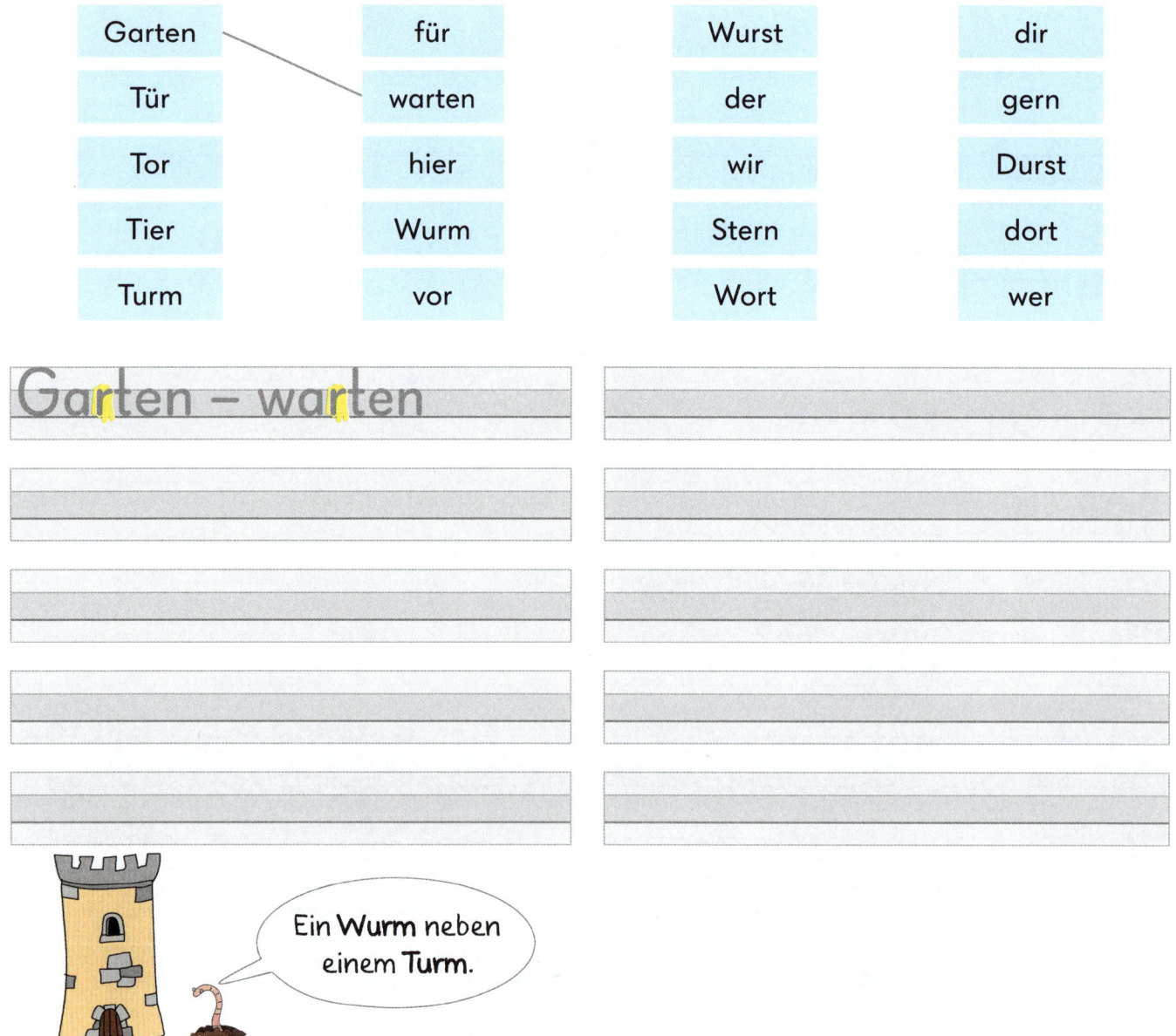

Ein **Wurm** neben
einem **Turm**.

4 Schreibe die passenden Wörter mit **r** in die Lücken.

~~hart~~   schwer   warm   kurz   arm   stark

Das Brötchen ist nicht weich, sondern hart_____.

Der Tee ist nicht kalt, sondern _____.

Die Hose ist nicht lang, sondern _____.

Der Korb ist nicht leicht, sondern _____.

Viele Menschen sind nicht reich, sondern _____.

Ein Bär ist nicht schwach, sondern _____.

5 Lies den Text.
Unterstreiche die **13** Wörter mit **r**. Schreibe sie auf.

Lisa geht meistens erst spät ins Bett.

Sie muss morgens aber früh aufstehen.

Das macht sie nicht gern.

Ziemlich müde geht Lisa zur Schule.

Freunde warten schon am Tor.

Eins ist klar: Dieser Schultag wird hart.

Ein Glück, am Samstag darf sie ausschlafen.

Mittags werden Lisa und Papa eine Radtour machen.

Danach muss sie noch lernen.

Lisas Bett ist frei!

erst, _____

_____

6 Lies den Text. Unterstreiche die passenden Wörter mit **r**.
Schreibe den Text ab.

~~Herbst~~	Garten	darf	schwer	Morgen	sehr	Wurzel
stark	aber	Korb	Tor	Erde	her	mehr

Es ist Herbst, aber noch ist es warm.

Nora darf Opa im Garten helfen.

Opa bringt einen Sack mit Erde her.

Der Sack ist schwer, doch Opa ist stark.

Das Tor geht auf und Noras Mama kommt mit einem Korb herein.

Nora rennt zu ihr. Dabei fällt sie über eine Wurzel.

Mama und Opa trösten sie sehr.

Morgen tut es sicher nicht mehr weh.

Es ist Herbst, aber noch ist es warm.

Wörter mit -en, -er, -ern und -el am Wortende

Jede Silbe hat einen Silbenkönig. Bei den Endungen hört man das **e** oft nicht gut. Sprich deutlich und achte beim Schreiben darauf.

1 Ordne die Nomen nach ihren Endungen.
Male die Endungen an.

der Faden	die Ampel	der Kater	die Eltern	der Flügel
der Rücken	das Fieber	die Amsel	die Insel	der Bauer
der Körper	der Boden	die Federn	die Schwestern	das Mädchen

Wörter mit -en

der Faden

Wörter mit -er

Wörter mit -el

Wörter mit -ern

2 Verbinde die Reimwörter. Schreibe sie auf.

Besen	legen	kaufen	geben
Kuchen	lesen	lachen	sehen
Regen	suchen	leben	laufen
Wagen	sagen	drehen	machen

Besen – lesen

3 Schreibe die passenden Verben in die Lücken.

reden fragen kleben melden antworten lösen

In der Klasse **reden** alle durcheinander.

Einige Kinder wollen den Lehrer etwas _____.

Der Lehrer bittet, dass sie sich _____.

Er möchte gerne allen Kindern _____.

Nele und Tim _____ einen Faden auf ein Blatt.

Celia versucht, ein Rätsel zu _____.

4 Schreibe zu jedem Bild das passende Nomen auf.
Male die Wortendungen an.

die Tafel	die Nudel	der Kleber	der Hamster	der Igel
der Kalender	der Esel	der Pinsel	die Muschel	die Nadel
der Füller	die Gabel	der Daumen	das Fenster	der Engel

die Tafel

5 Schreibe die passenden Verben auf. Male **en** an.

| baden | finden | raten | holen | niesen |

| hören | halten | rufen | malen |

ich bade
baden

er findet

sie hört

er holt

ich halte

er niest

er ruft

ich rate

sie malt

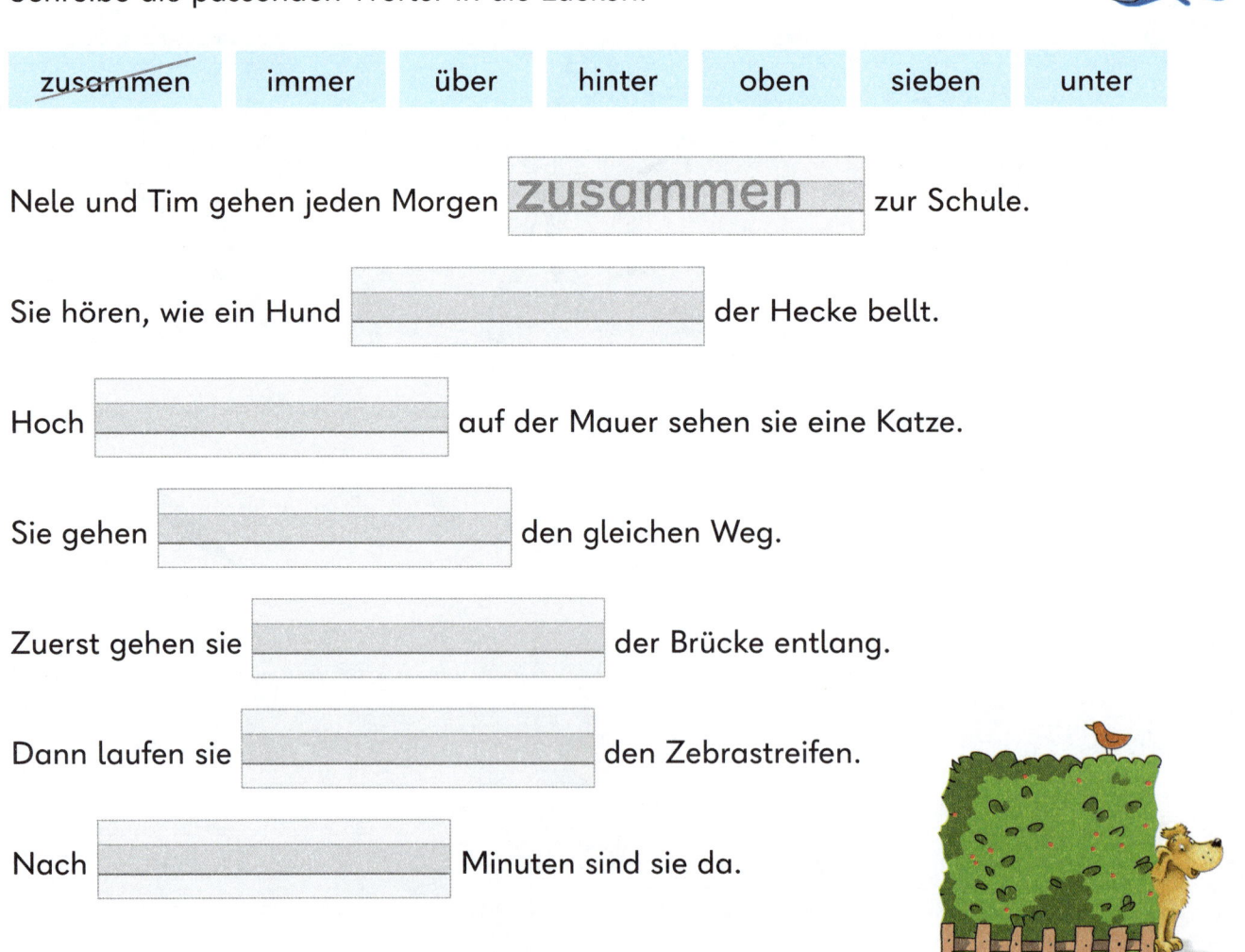

6 Schreibe die passenden Wörter in die Lücken.

| zusammen | immer | über | hinter | oben | sieben | unter |

Nele und Tim gehen jeden Morgen zusammen zur Schule.

Sie hören, wie ein Hund _____ der Hecke bellt.

Hoch _____ auf der Mauer sehen sie eine Katze.

Sie gehen _____ den gleichen Weg.

Zuerst gehen sie _____ der Brücke entlang.

Dann laufen sie _____ den Zebrastreifen.

Nach _____ Minuten sind sie da.

7 Schreibe die passenden Nomen in die Lücken.

Bruder   Schwester   Tochter   Kinder   Eltern   Sohn

Celia hat einen Bruder . Er heißt Leo.

Leo hat eine _____ . Sie heißt Celia.

Die _____ von Leo und Celia heißen Gloria und Carlos.

Celia ist die _____ von Gloria und Carlos.

Leo ist der _____ von Gloria und Carlos.

Die _____ haben auch einen Onkel. Er heißt Luca.

Wir gehören auch zur Familie!

8 Beantworte die Fragen. Schreibe die passenden Wörter auf.

Dezember   September   Oktober   Ostern   November   Winter

In welchem Monat feiern wir Weihnachten?   Dezember

Welcher Monat kommt vor dem Dezember?

Wie heißt der zehnte Monat im Jahr?

In welchem Monat beginnt der Herbst?

Welches Fest ist im Frühling?

In welcher Jahreszeit fällt Schnee?

9 Lies den Text. Achte dabei auf die Wortendungen.
Schreibe den Text ab.

Enya und ihre Schwester wollen heute selbst einen Kuchen backen.

Sie brauchen Zucker, Butter, Mehl und Eier.

Ihr Bruder Ömer und sein Kater Ernie freuen sich.

Sie haben immer Hunger.

Nun will Enya den Teig ausrollen. Das ist aber nicht so einfach.

Da kommt ihr Vater in die Küche.

Er kann Enya helfen und bald ist ein ganzer Kuchen im Ofen.

Sie sagt: Also unser Kuchen wird sehr lecker!

Enya und ihre Schwester wollen heute

Wörter mit schwachem e

Auch am Wortende ist das **e** oft schwer zu hören. Sprich deutlich und achte beim Schreiben darauf.

1 Schreibe zu jedem Bild das passende Nomen auf.
Male das **e** am Wortende an.

die Banane	der Affe	die Hexe	die Treppe	die Mappe	der Käse

die Banane

2 Schreibe die passenden Wörter in die Lücken.

heute	Pappe	Weile	letzte	Blüte	jede

Olga bastelt heute Blumen aus bunter _____ .

Dafür braucht sie eine ganze _____ .

Sie möchte, dass _____ _____ gut aussieht.

Die _____ gelingt ihr am besten.

Wortbausteine: Vorsilben

Vor- und **ver-** schreibt jeder Herr
und jede Frau mit Vogel-V!

1 Schreibe die Verben mit den Vorsilben **vor-** und **ver-** auf.
Male **vor-** und **ver-** an.

vor-
~~stellen~~
machen
spielen
sagen

ver-
bieten
brennen
suchen
kaufen

Wörter mit **vor-**
vorstellen

Wörter mit **ver-**

2 Schreibe die passenden Wörter in die Lücken.
Male die Vorsilben an.

~~verlaufen~~   vorlaufen

Carlos Hund hat sich gestern im Park **ver**laufen .

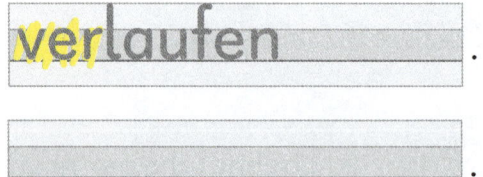

Kristin und Rana wollen zum Eisladen   .

3 Lies den Text. Unterstreiche die Wörter mit der Vorsilbe **ver-**.
Schreibe den Text ab.

verbringen	versprechen	versteckt	verreisen

verspätet	vergessen	vermissen

Juli will die Ferien mit Oma Birgit verbringen.

Zum ersten Mal werden sie mit dem Zug verreisen.

Mama fragt, ob sie nichts vergessen haben.

Papa hofft, dass der Zug sich nicht verspätet.

Oma und Juli versprechen eines: Sie werden abends anrufen.

Hund Beppo ist traurig und hat sich unter dem Tisch versteckt.

Er wird die beiden vermissen.

Juli will die Ferien mit Oma Birgit
verbringen.

4 Unterstreiche die **fünf** Wörter mit der Vorsilbe **vor-**.
Schreibe sie auf.

Milo will seinen Besuch bei Tante Karin gut <u>vorbereiten</u>.

Er möchte aus seinem neuen Buch vorlesen.

Er möchte ihr auch auf der Flöte vorspielen.

Aber zu viel möchte er sich auch nicht vornehmen.

Tante Karin möchte Milo nämlich ihr neues Haustier vorstellen.

vorbereiten,

5 Schreibe die Verben mit den Vorsilben auf.
Male die Vorsilben an.

auf-	be-	ab-
~~räumen~~	zahlen	geben
laden	wegen	nehmen
schreiben	suchen	fragen
wachen	raten	laden

Wörter mit **auf-**	Wörter mit **be-**	Wörter mit **ab-**
aufräumen		

Wir **beraten** uns zu einer Aufgabe.

Wortbausteine: Vorsilben und Nachsilben

6 Schreibe die Verben mit den Vorsilben auf. Male sie an.

be-	an-	ab-
um- stellen	weg- nehmen	her- geben
her-	mit-	auf-

bestellen

7 Schreibe die passenden Verben aus Aufgabe 6 in die Lücken.

Kais Mutter möchte im Internet ein neues Buch bestellen .

Im Klassenraum sollen die Kinder die Tische _____ .

Lisa und Zara wollen flüssige Seife _____ .

Mehmet soll ein Paket für seinen Vater _____ .

Niki will seiner Schwester die Schaufel _____ .

Montags muss Henri die Sportsachen _____ .

Per soll heute sein Leseheft bei der Lehrerin _____ .

Tania will ihr Taschengeld nicht für Eis _____ .

Ennas Mannschaft darf beim Wettlauf nicht _____ .

Wortbausteine: Nachsilbe -ig

Wenn du dir nicht sicher bist, ob ein Adjektiv
mit **-ig** geschrieben wird, hilft verlängern:
eck**ig** – der eck**ig**e Tisch.

1 Schreibe die Adjektive mit der Nachsilbe **-ig**.
Male **-ig** an.

eckig	lebendig	sandig	dreckig	lustig

haarig	witzig	ruhig	fertig

eck**ig**

2 Schreibe die passenden Wörter mit der Nachsilbe **-ig** in die Lücken.

schmutzig	saftig	hungrig	wenig	mutig

Bens Hose ist nicht sauber, sondern schmutzig .

Der Kuchen ist nicht trocken, sondern _____ .

Hannas Gans ist nicht satt, sondern _____ .

Mariana ist nicht feige, sondern _____ .

Toms Hamster frisst nicht viel, sondern _____ .